伊能図大全

第3巻

伊能大図

近畿・中国・四国

渡辺一郎 監修

河出書房新社

目次

本巻収録大図の地図凡例
○ 宿駅
☆ 天測点
⛵ 湊
⛩ 神社
十 山頂
一 郡界（毛利図）
・ 村界（毛利図）

第3巻　伊能大図　近畿・中国・四国

はじめに

渡辺一郎

近畿・中国・四国地方の測量は、紀伊半島沿岸と瀬戸内を含む中国地方沿海を測った第五次測量、四国に向かい、帰路大和の観光地から長谷寺を経て伊勢神宮に正式参拝した第六次測量、畿内の一部と山陽道を測り、九州東南岸を測った第七次測量、その帰路に行なわれた中国地方内陸部測量、二回目の九州測量となる第八次測量の帰路の中国地方内陸部測量と六回の測量線が入り組んでいる。

第五次測量で測った紀伊半島では、幕府役人と内弟子の混成チームの統制がうまくとれず、険しい地形に阻まれて難航した。第一一七号「鳥羽」では恐ろしいほど詳しい測線が、隣接の第一三一号「尾鷲」では岬の先端にも及んでいない。ここでは下役の市野が病気と称して離隊する不祥事が起きている。

一方、この地域内で最も時間が費やされたのは中国地方である。沿海と街道、内陸部を数回にわたって測られたため、地図は精細である。忠敬は測量結果に自信を持っていて、西国の地図をまとめる基準にしたといわれる。

本巻は近畿・中四国の四六図を収載するが、内容は多彩である。長州藩毛利家旧蔵の大図（毛利大図）六図は複写用針穴の跡が鮮明に残る副本で、記録は見つかっていないが、伊能隊から毛利侯に謹呈されたと推測される優秀な伊能大図である。「御両国測量絵図」という名称がつけられていたため分からなかったが、一九九〇年代に川村博忠氏により確認された。他の大図と仕様がやや異なるが、彩色が濃く鮮明で美しい。九州図のなかの松浦史料博物館蔵の大図（松浦大図）とともに、二例しか確認できない最終版大図副本である。

第一四五号「岡山」は国立歴史民俗博物館蔵の模写本で、国会大図と同系統の模写図であり、明治初期の複写と見られる華麗な大図である。埋め立て前の児島湾が姿を現している。

第一三三号はアメリカ大図の中にはなく、国内でも発見できなかった最後の四図のなかの一つである。旧海軍水路部が伊能図の原図（副本）を引き写した図を、再び写したもの（再写）と伝えられ、海上保安庁海洋情報部が所蔵している。当初、再写であるため誰も気にしなかったが、未発見の大図が残り四図になったとき、筆者および鈴木純子氏が二〇〇四年初頭に、改めて海洋情報部を探索して発見した。ケバ式図法で描かれ縮写された図であるが、測線、地図合印、周辺との接合状況から、原図は間違いなく伊能図と推定される。本巻には原図のまま収載した。

第一五七号「福山・尾道」、第一六四号「今治」と、本書第1巻掲載の第一二号「稚内」も、このとき同時に発見されたものである。第一五七号は海岸線と測線、山景だけで地名の記入がなく、第一六四号は海岸線と海岸地名のみで、内陸部がブランクである。地図としてさびしいが、あえてそのまま掲載する。いずれ本物の出現を期待している。

第一三五号「大阪」、第一三二号「新宮」、第一四〇号「田辺」、第一三九号「有田」は、本州では珍しいアメリカ大図の彩色図である。とくに「大阪」では、生駒峠を越えて当麻寺まで伸びている行き止まり測線が面白い。同様な例は播磨の円教寺などにもある。有名社寺は宗教観光施設でもあったが、当時としては戦略拠点でもあるから、位置を正確に入れる必要があったと考えることもできる。しかし、門前まで測って役僧の案内で見学拝観しているから、出張途中の名所巡りのような要素もあった気がする。社寺向け測線は少なからず出てくる。

大阪の隣は第一三七号「神戸・明石」で、歴博大図の彩色図であるが、本図とほとんど同じ彩色図はアメリカ大図の中にも所蔵されている。その他にも国会大図と歴博大図の重複図があり、明治初年に伊能図の模写が行なわれた際に、もう一組模写された可能性がある。

埋もれた伊能図が発見される可能性はまだまだありうるので、宝探しにチャレンジして頂きたい。その他の三一図はアメリカ大図の着色再現図であるが、この中にもユニークな図は多い。

四国を測ったのは第六次測量の一回だけで、海岸線と川の江から高知に向かう一本の縦断測線のみであるが、四国西部の出入りの激しい海岸線で小さな島々まで測るのは大変だった。第一六一号「宿毛」、第一七一号「宇和島」、第一七〇号「八幡浜・大洲」のあたりでは数百名の大船団が動員されて手分け測量された。佐田岬の先端まで測線が延びている。伊能測量に関する地元記録は愛媛に最も多く残っている

琵琶湖

005　近畿 大図全図

007　**中四国 大図全図**

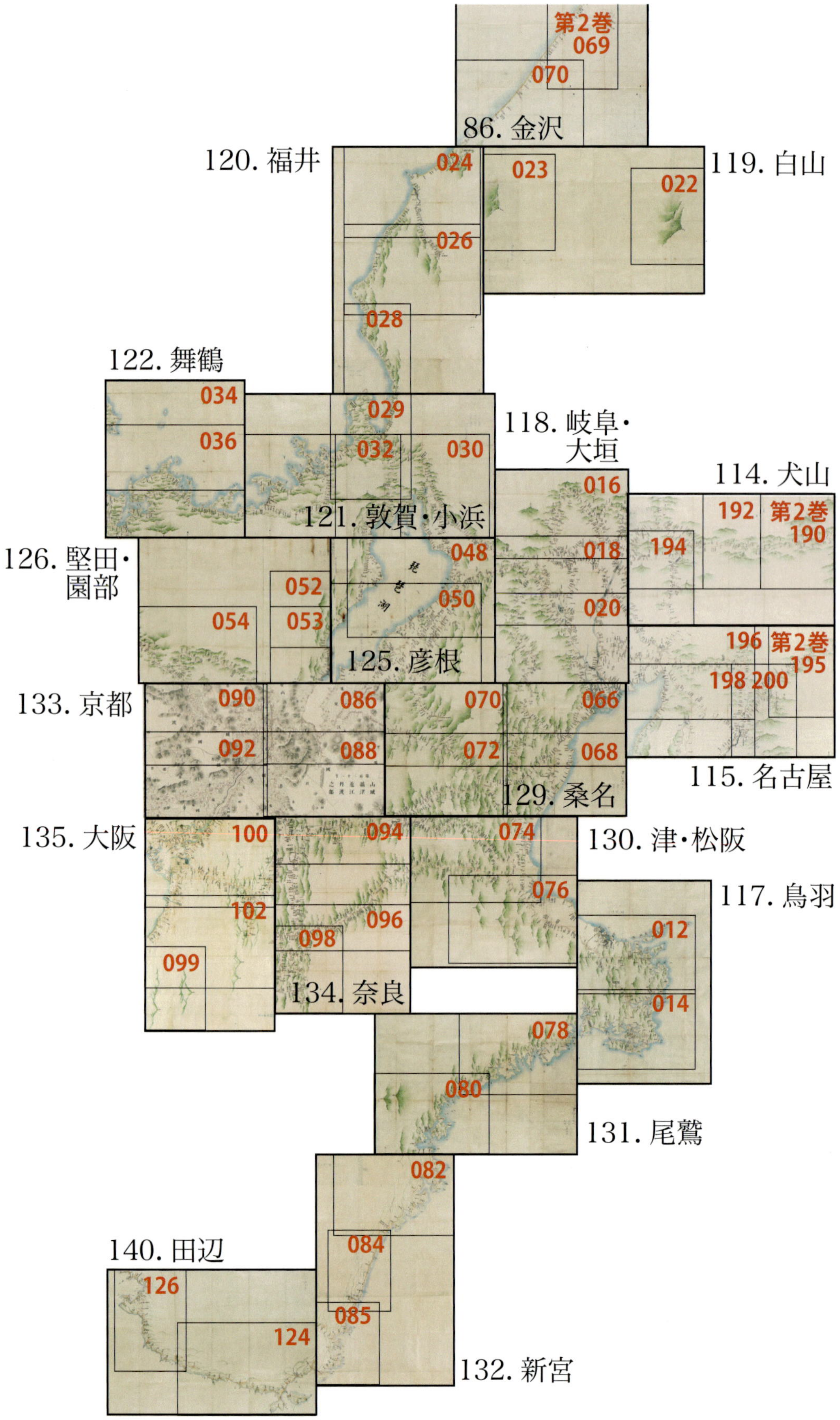

第2巻 069
070
86. 金沢
120. 福井
024
023
022
119. 白山
026
028
122. 舞鶴
034
036
029
032
030
118. 岐阜・大垣
121. 敦賀・小浜
016
114. 犬山
192
第2巻 190
194
126. 堅田・園部
048
018
052
050
020
054
053
125. 彦根
196
第2巻 195
198
200
133. 京都
090
086
070
066
092
088
072
068
115. 名古屋
129. 桑名
135. 大阪
100
094
074
130. 津・松阪
076
117. 鳥羽
102
096
098
012
099
134. 奈良
014
078
080
131. 尾鷲
082
140. 田辺
084
126
085
124
132. 新宮

赤色の数字はページ数を表わす。

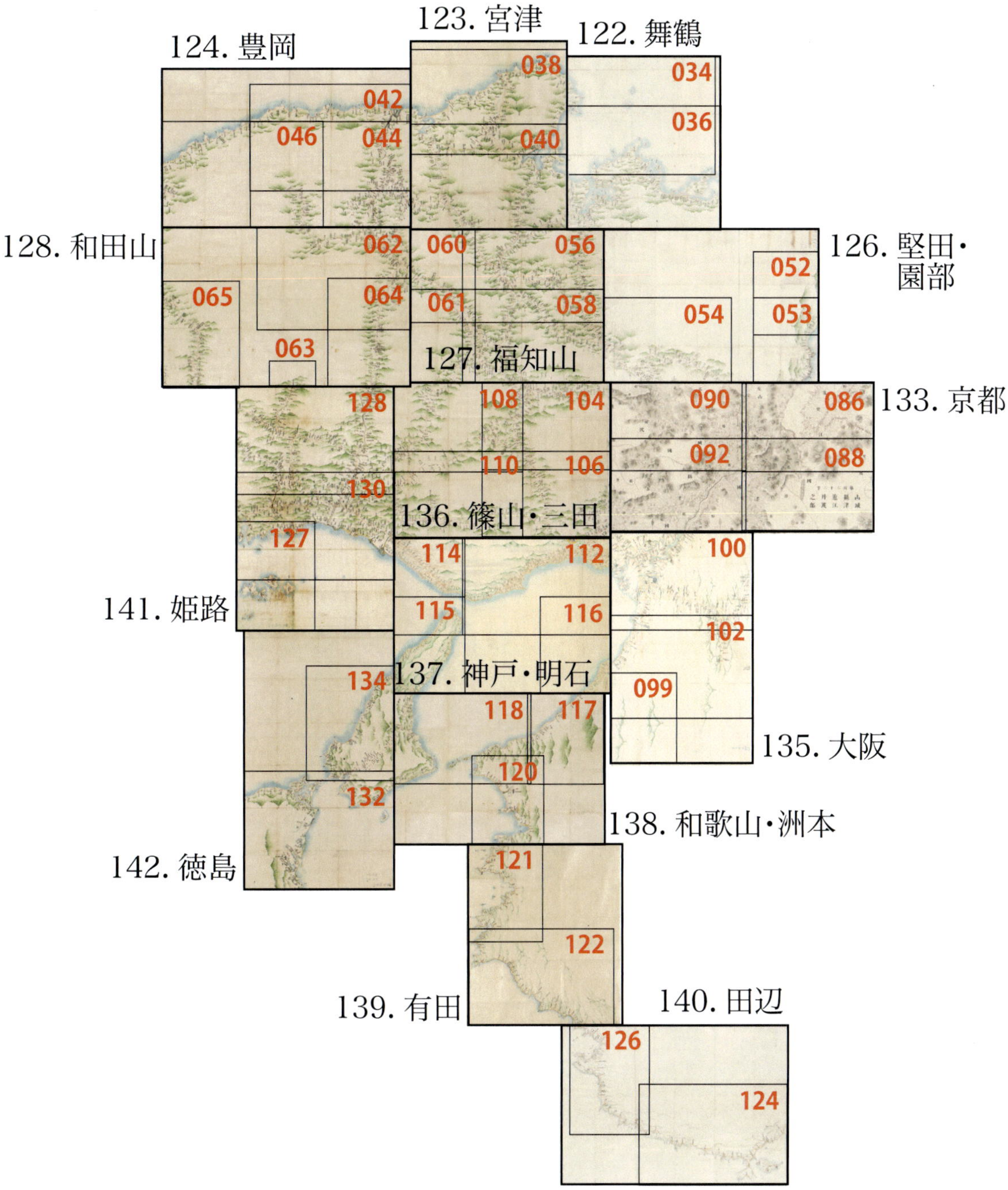
124. 豊岡
123. 宮津
122. 舞鶴
038
034
042
036
046
044
040
128. 和田山
062
060
056
126. 堅田・園部
052
065
064
061
058
054
053
063
127. 福知山
128
108
104
090
086
133. 京都
110
106
092
088
130
136. 篠山・三田
127
114
112
100
141. 姫路
115
116
102
137. 神戸・明石
134
099
118
117
135. 大阪
120
132
138. 和歌山・洲本
142. 徳島
121
122
139. 有田
140. 田辺
126
124

近畿 大図索引図

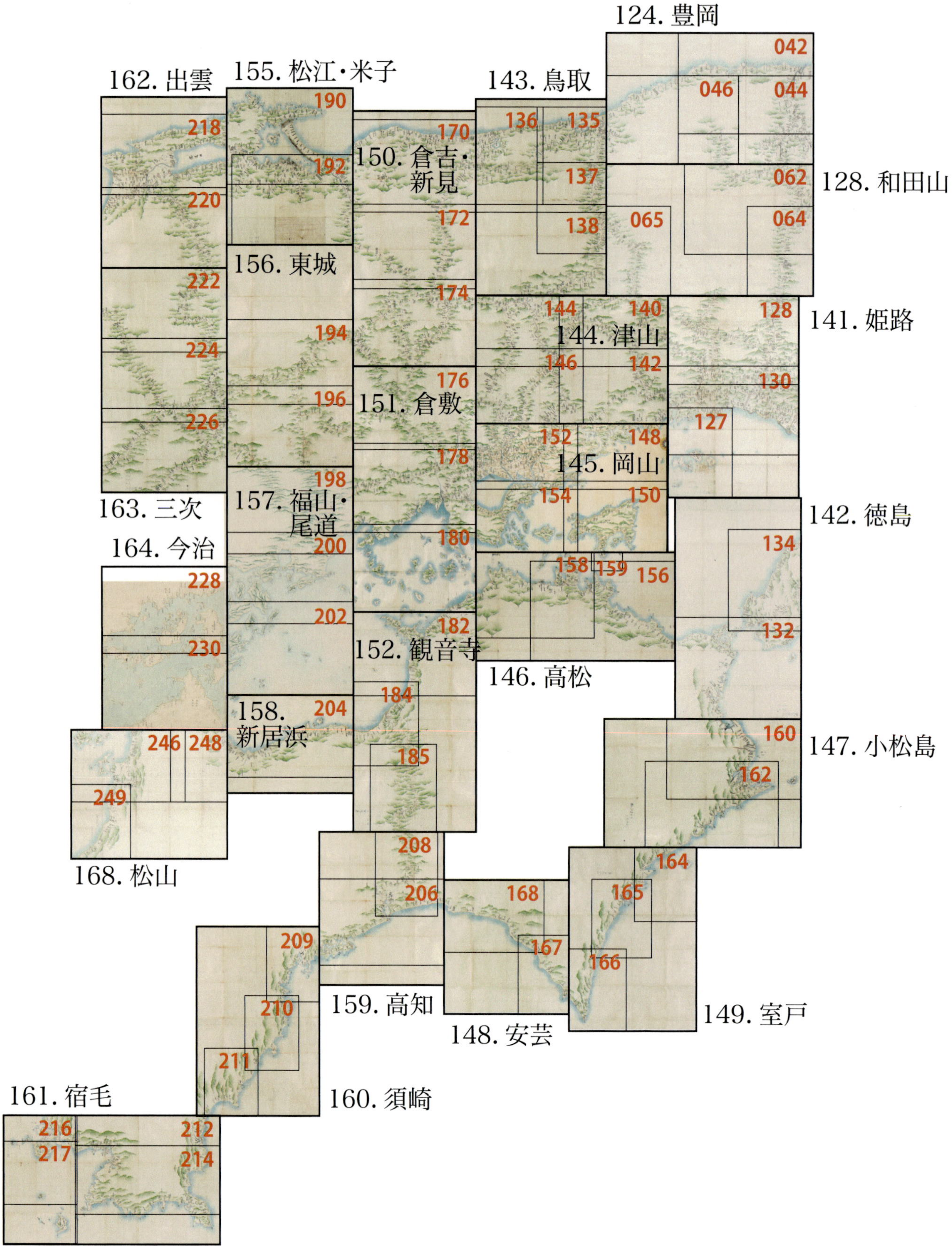
124. 豊岡
042
046
044
128. 和田山
062
065
064
162. 出雲
218
220
155. 松江・米子
190
192
143. 鳥取
136
135
137
138
150. 倉吉・新見
170
172
174
156. 東城
194
196
222
224
226
141. 姫路
128
130
127
144. 津山
144
140
146
142
151. 倉敷
176
178
145. 岡山
152
148
154
150
163. 三次
157. 福山・尾道
198
200
180
142. 徳島
134
132
164. 今治
228
230
202
182
152. 観音寺
146. 高松
158
159
156
158. 新居浜
204
184
185
246
248
249
168. 松山
147. 小松島
160
162
208
206
168
167
164
165
166
209
210
211
159. 高知
148. 安芸
149. 室戸
160. 須崎
161. 宿毛
216
217
212
214

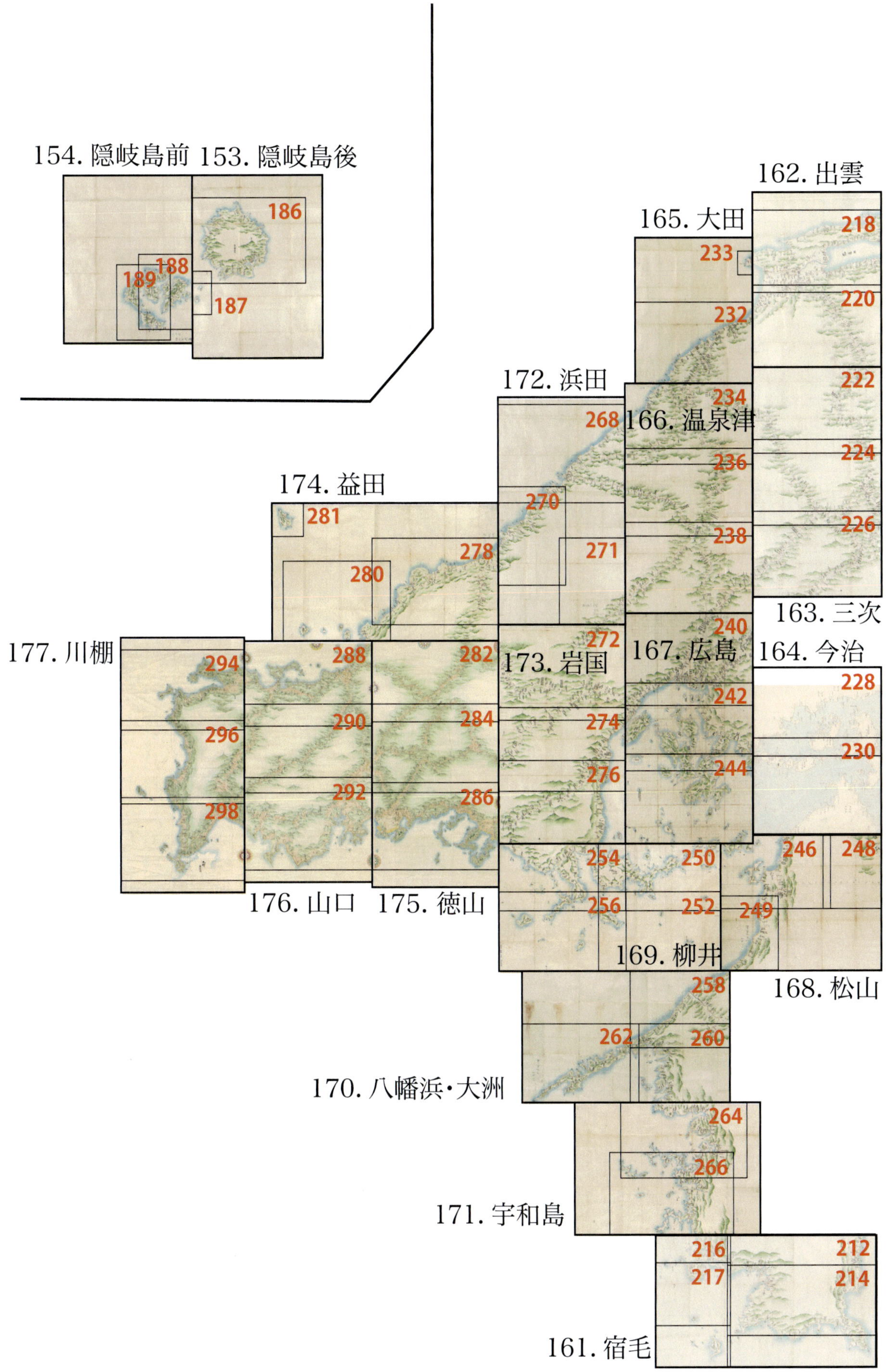
154. 隠岐島前
153. 隠岐島後
186
188
189
187
162. 出雲
218
220
222
224
226
163. 三次
165. 大田
233
232
172. 浜田
268
166. 温泉津
234
236
238
270
271
174. 益田
281
278
280
177. 川棚
294
296
298
288
290
292
282
284
286
173. 岩国
272
274
276
167. 広島
240
242
244
164. 今治
228
230
246
248
249
254
250
256
252
169. 柳井
168. 松山
176. 山口
175. 徳山
258
262
260
170. 八幡浜・大洲
264
266
171. 宇和島
216
217
212
214
161. 宿毛

中四国 大図索引図

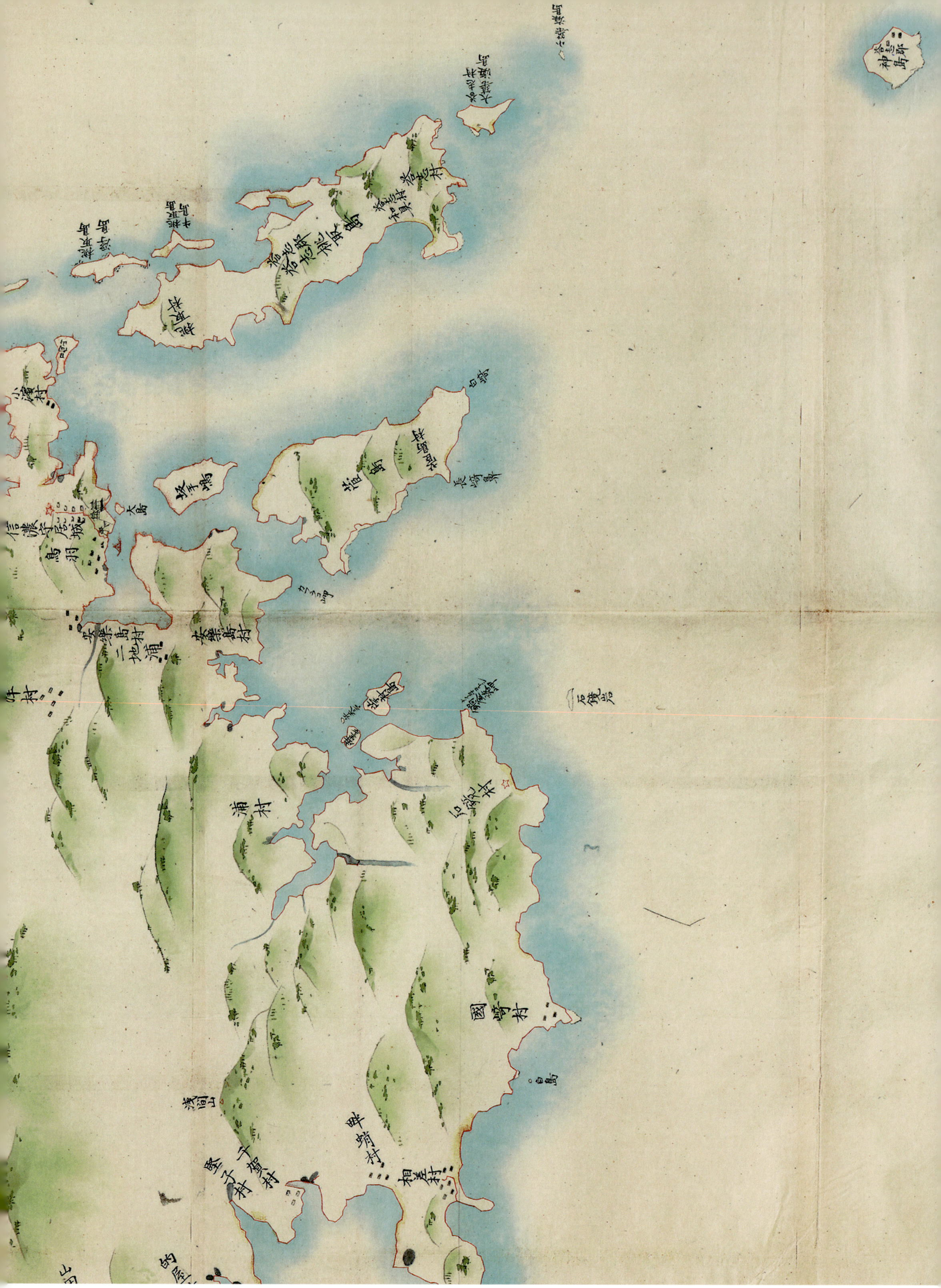

神島
菅島
坂手島
小濱村
鳥羽
大島
浦村
國崎村
白島
千賀村
堅子村
相差村

第117号　**鳥羽**（1）

相差村
千賀村
堅子村
的屋村
山田村
安乗村
國府村
答志郡
英虞郡
甲賀村
志島村
畔名村
名田村
波切村
立神村
片田村

五ヶ所浦
泉村
神津佐村
下津浦
木谷村
南張村
志摩國英虞郡
伊勢國度會郡
宿浦
田曽浦
檜山路村
迫子村
濱島村
穴川村
上之郷村
下之郷村
鵜方村
天童山
越賀村
和具村
布施田村

第117号　鳥羽（2）

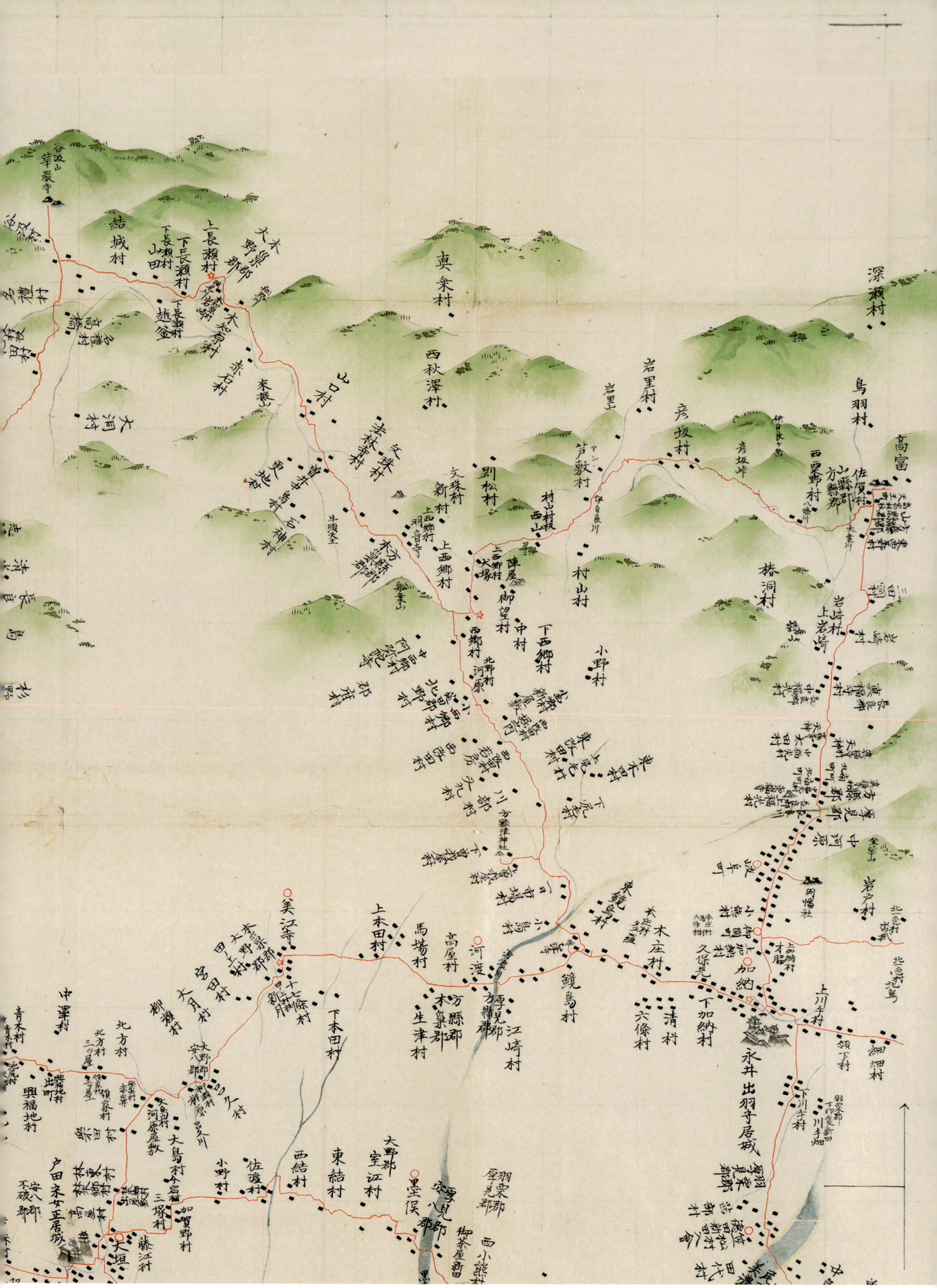

030	016	2巻192
048	018	2巻194

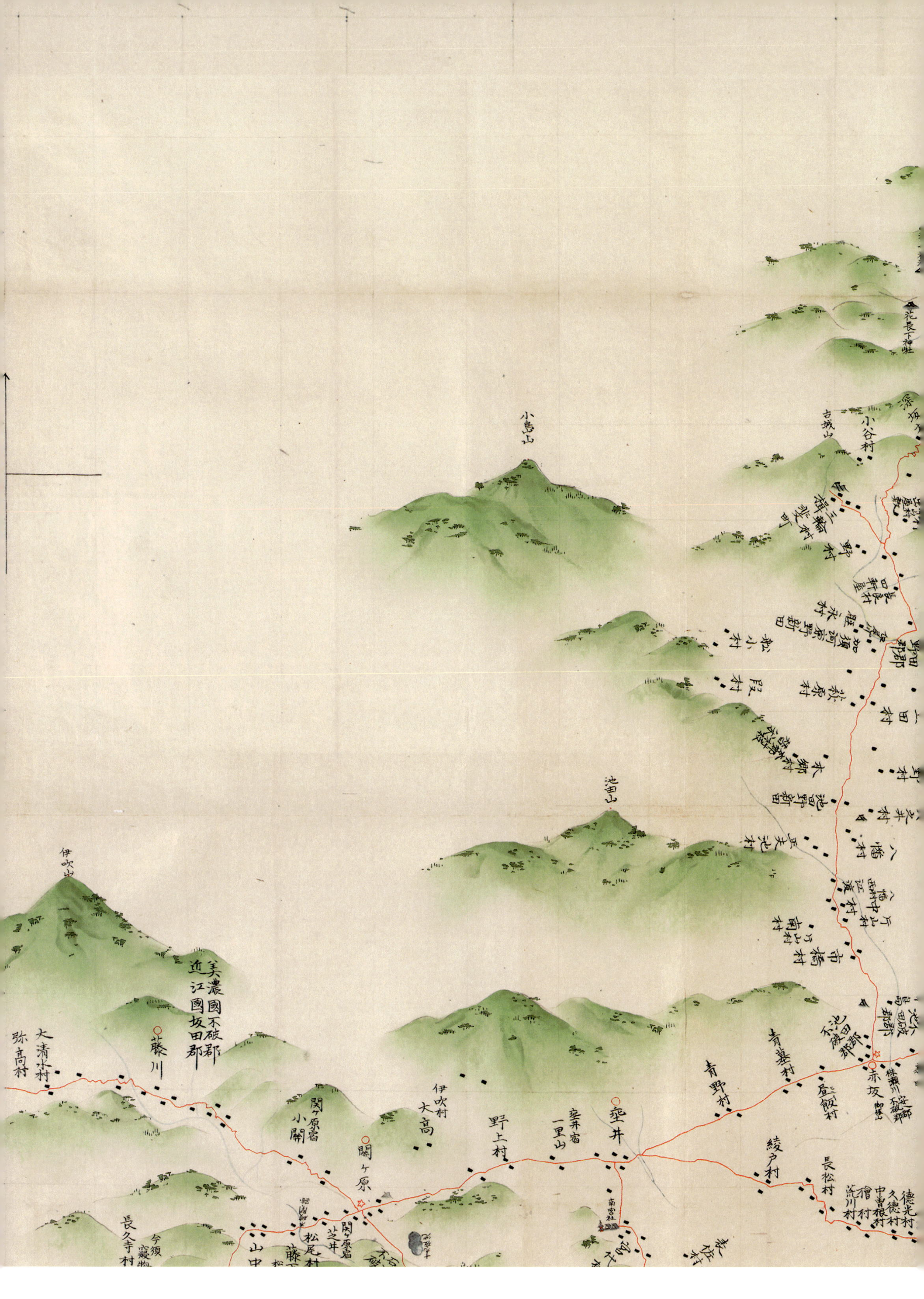

小島山
池田山
伊吹山
美濃國不破郡
近江國坂田郡
大清水村
弥高村
藤川
関ヶ原宿
小関
伊吹村
大高
関ヶ原
野上村
垂井宿
一里山
垂井
青野村
青墓村
昼飯村
赤坂
綾戸村
長松村
徳光村
久徳村
中曽根村
流川村
長久寺村
今須
松尾村
山中
市橋村
八幡村
小谷村
三輪村

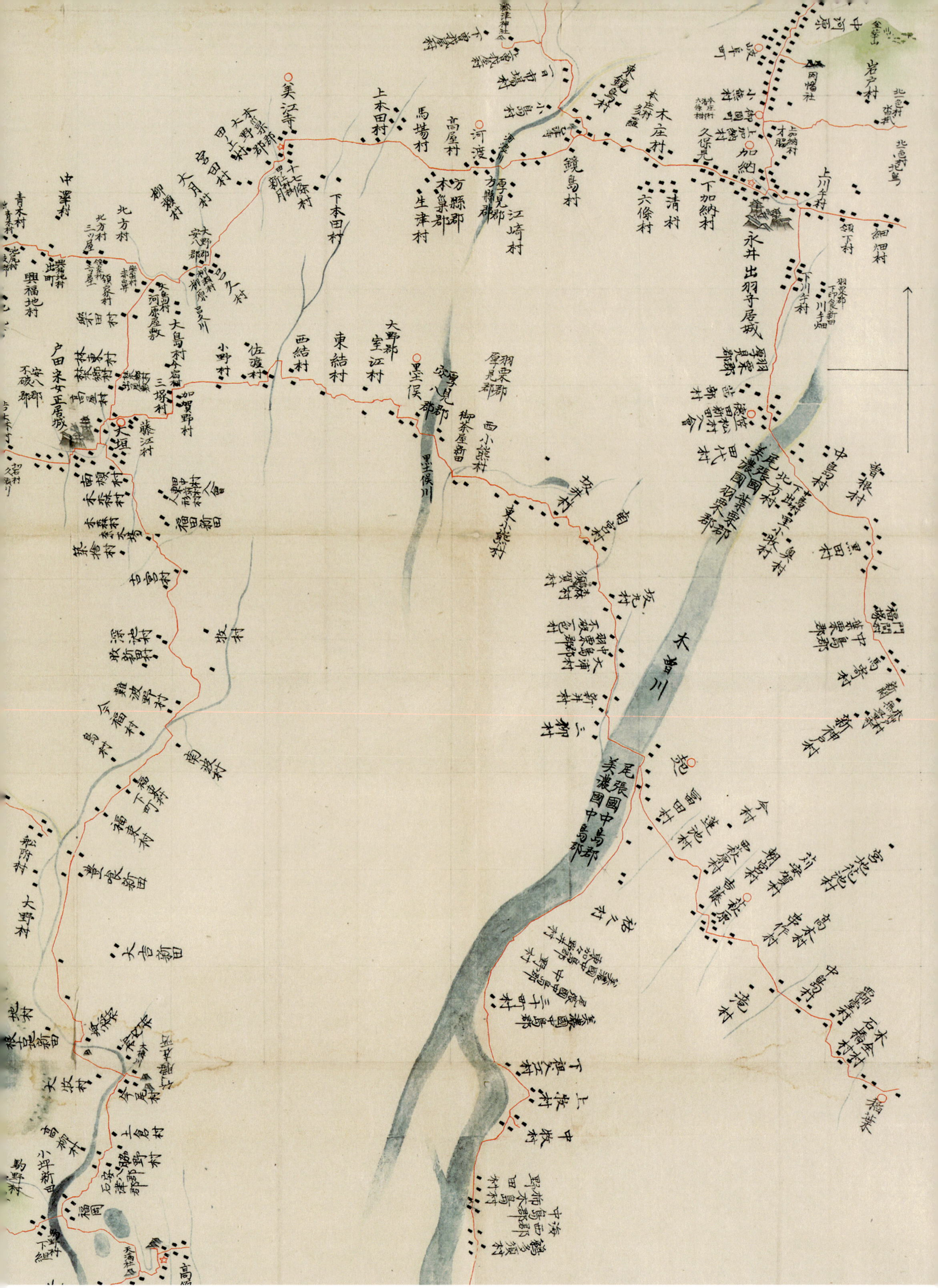

030	016	2巻192
048	018	2巻194
	020	

伊吹山
美濃國不破郡
近江國坂田郡
藤川
大清水村
弥高村
関ヶ原宿
小関
伊吹村
大高
関ヶ原
野上村
垂井宿
一里山
垂井
青野村
青墓村
赤坂
綾戸村
長松村
市橋村
長久寺村
今須
柏原
山中村
松尾村
藤下村
牧田村
表佐村
宮代村
澤田村
大墳村
上方村
岩道村
西岩道村
大跡村
上ノ郷村
津屋村
志津村

 第118号　岐阜・大垣（2）

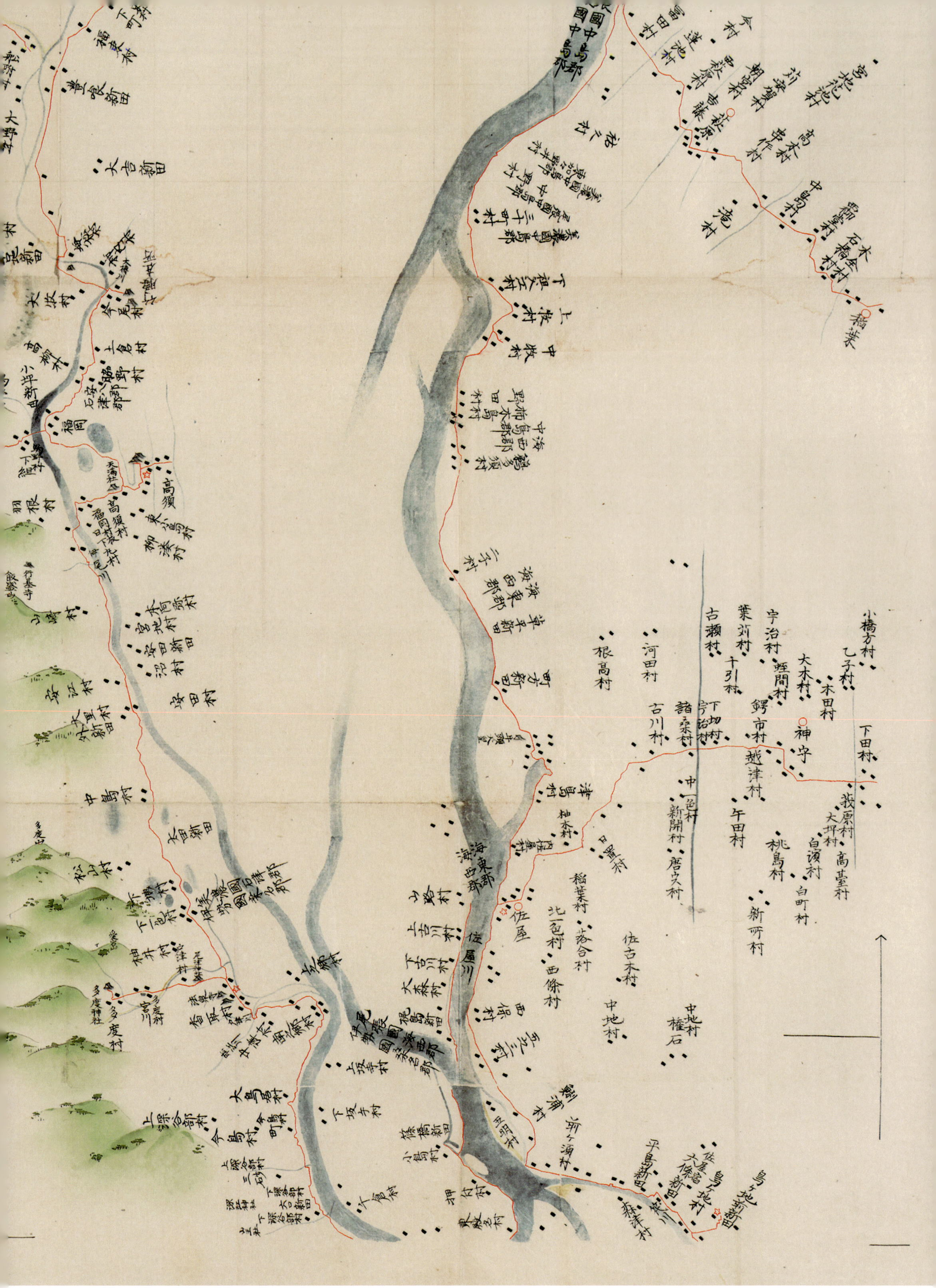

富田村
今村
中嶋村
稲葉
下田村
神守
津島村
古川村
河田村
根高村
古瀬村
午田村
桃島村
高台村
新所村
佐屋
佐古木村
中地村
権石
稲葉村
西條村
松山村
中島村
安田村

第118号　岐阜・大垣（3）

第119号　白山（1）

第119号　白山（2）

三國湊
瀧谷村
石浦
西野中村
下野村
横越村
砂子田村
藤瀬村
三宅村
布施田村
島山梨子村
御所垣内村
江上村
劔大谷村

長橋浦
糸崎浦
石橋村

松平伊豫守居城
福井
足羽郡
吉田郡
三郎丸村
三ツ屋村
地蔵堂村
坂井郡
江上村
御所垣内村

第120号　福井（2）

小樫浦
大樫浦
道口浦
厨浦
茂原浦
高佐浦
米浦
丹生郡
南條郡
糠之浦
甲楽城浦
今泉浦
河野浦
池太郎浦
大谷村
南條郡
敦賀郡
元比田村

麻生村
根杉箸村
追分村
駄口村
山中村
近江國高島郡
越前國敦賀郡
國境村
白谷山
岩熊村
杉津浦
竹波村
北田村

第121号　敦賀・小浜（1）

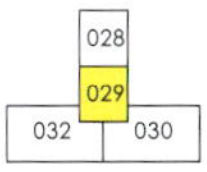
028
029
032
030

池原村
今市村
東野村
中之郷村
坂口村
黒田村
木本
田部村
洞戸村
井口村
雨森村
柏原村
馬上村
下山田村
下野村
上郡
高月村
伊香郡
八日市村
唐川村
宇根村
高田村
小倉村
馬渡村
三田村
野村

第121号　敦賀・小浜（2）

白谷山
越前國敦賀郡
近江國高島郡
追分村
駄口村
山中村
野口村
海津

第121号　敦賀・小浜（3）

第122号　舞鶴（1）

第122号　舞鶴（2）

吉永村
良安村
成願寺村
岩木村
小田村
黒部村
大島村
長江村
里波見村
上村
江尻村
中野村
國分村
國分寺
男山村
岩滝村
天橋立
板列神社
溝谷村
堤村
吉沢村
宇野村
和田野村
三津村
時光村
國久村

第123号　宮津（1）

042 038
044 040 036
060 056

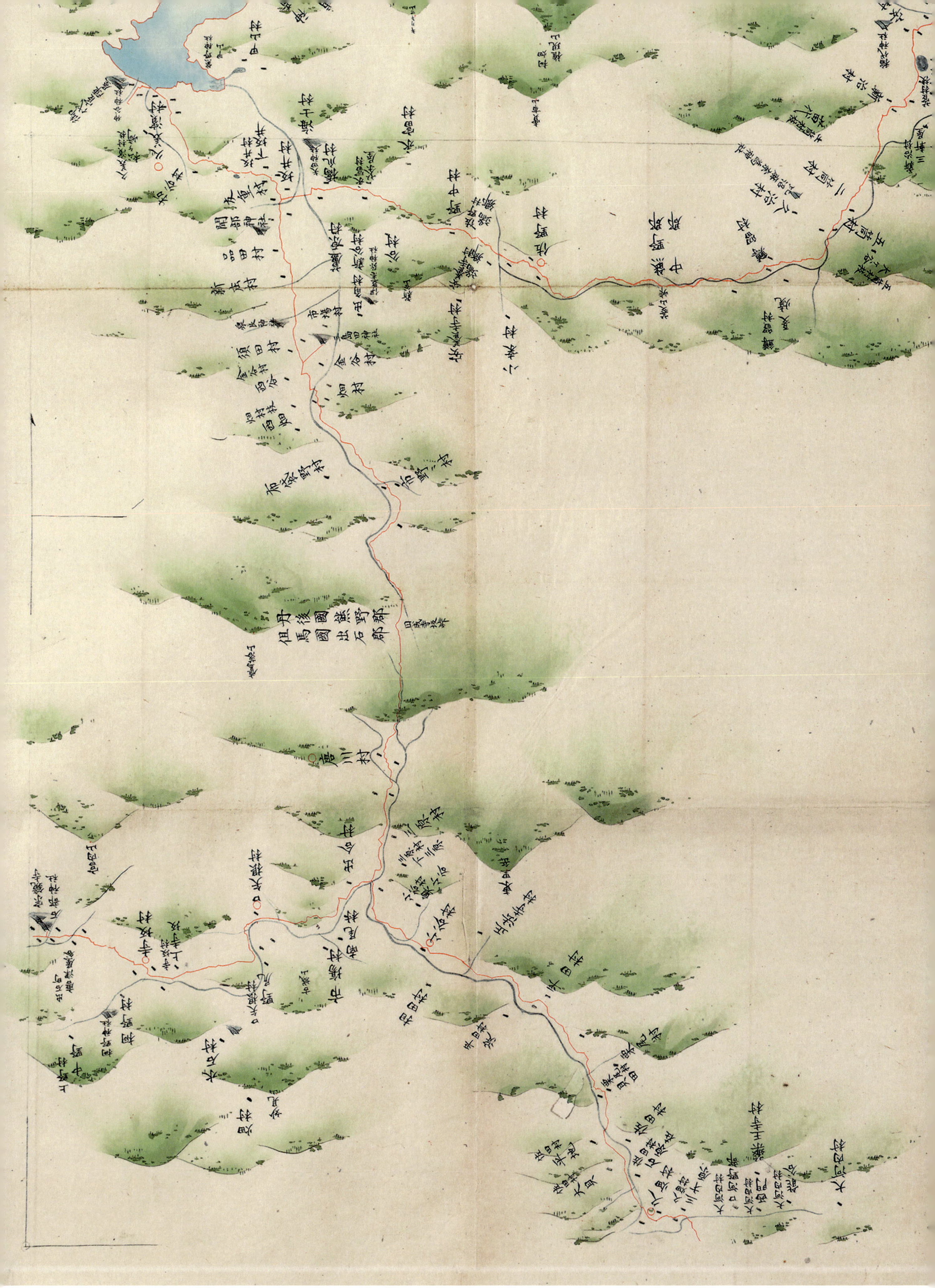

第123号　宮津（2）

第124号　豊岡（1）

042 038
046 044 040
062

第124号　豊岡（2）

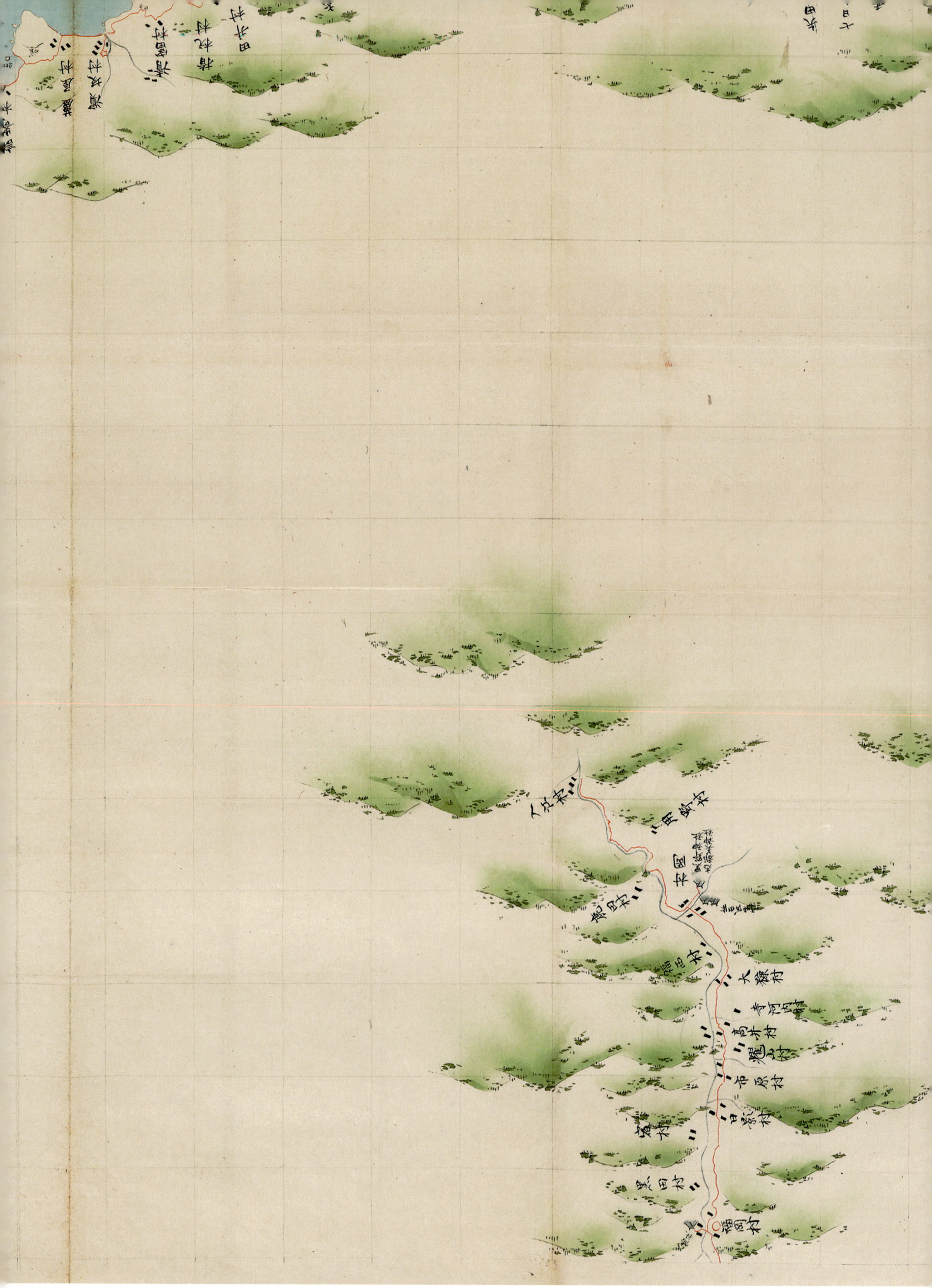
大篠村
寺河内村
高井村
市原村
黒田村
福岡村
鹿田村

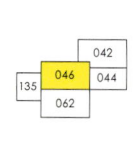

032 030
048 018
050 020

第125号　彦根（1）

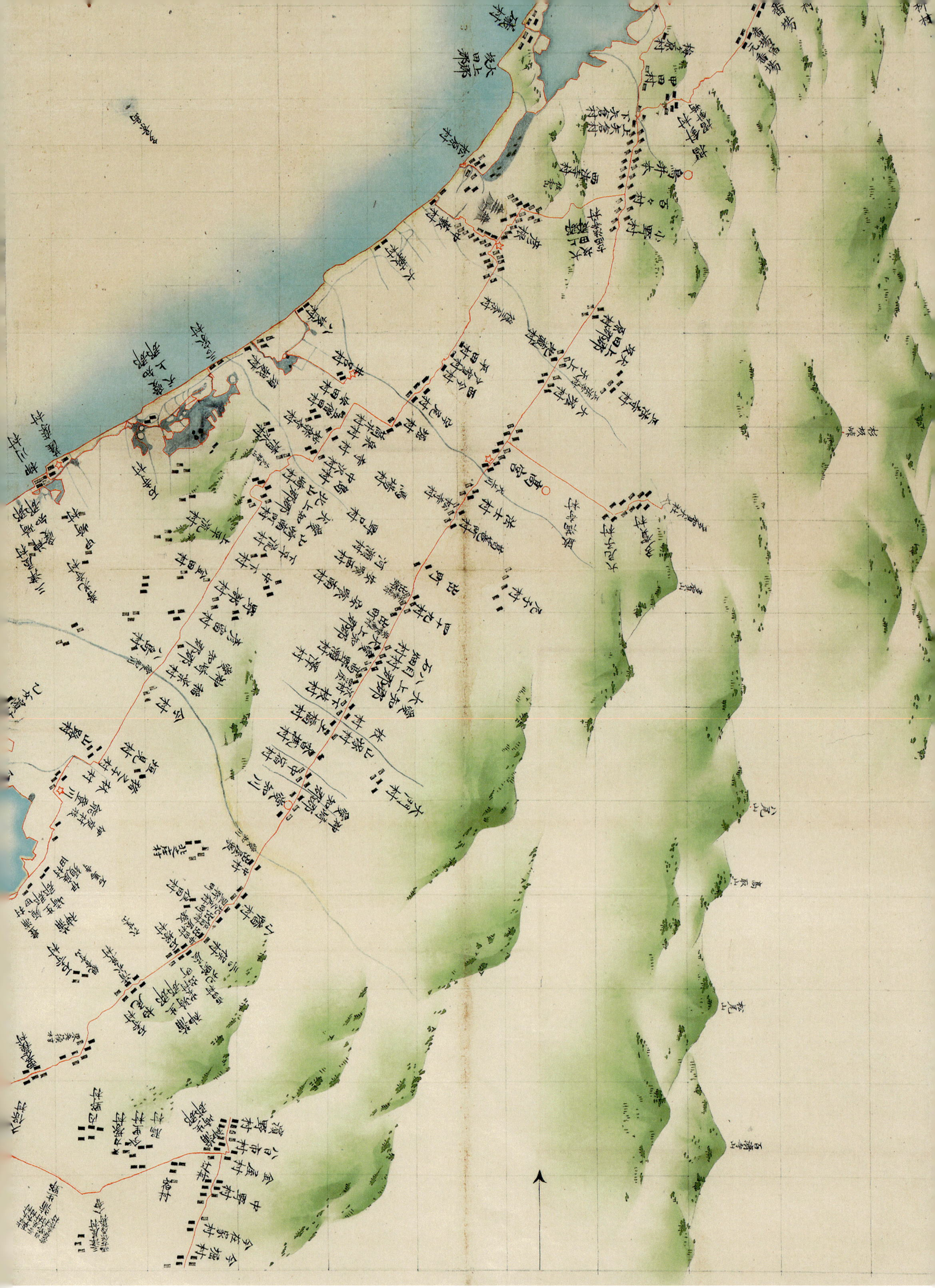

052 048
053 050
086 070

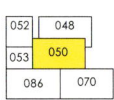

 第125号　彦根（2）

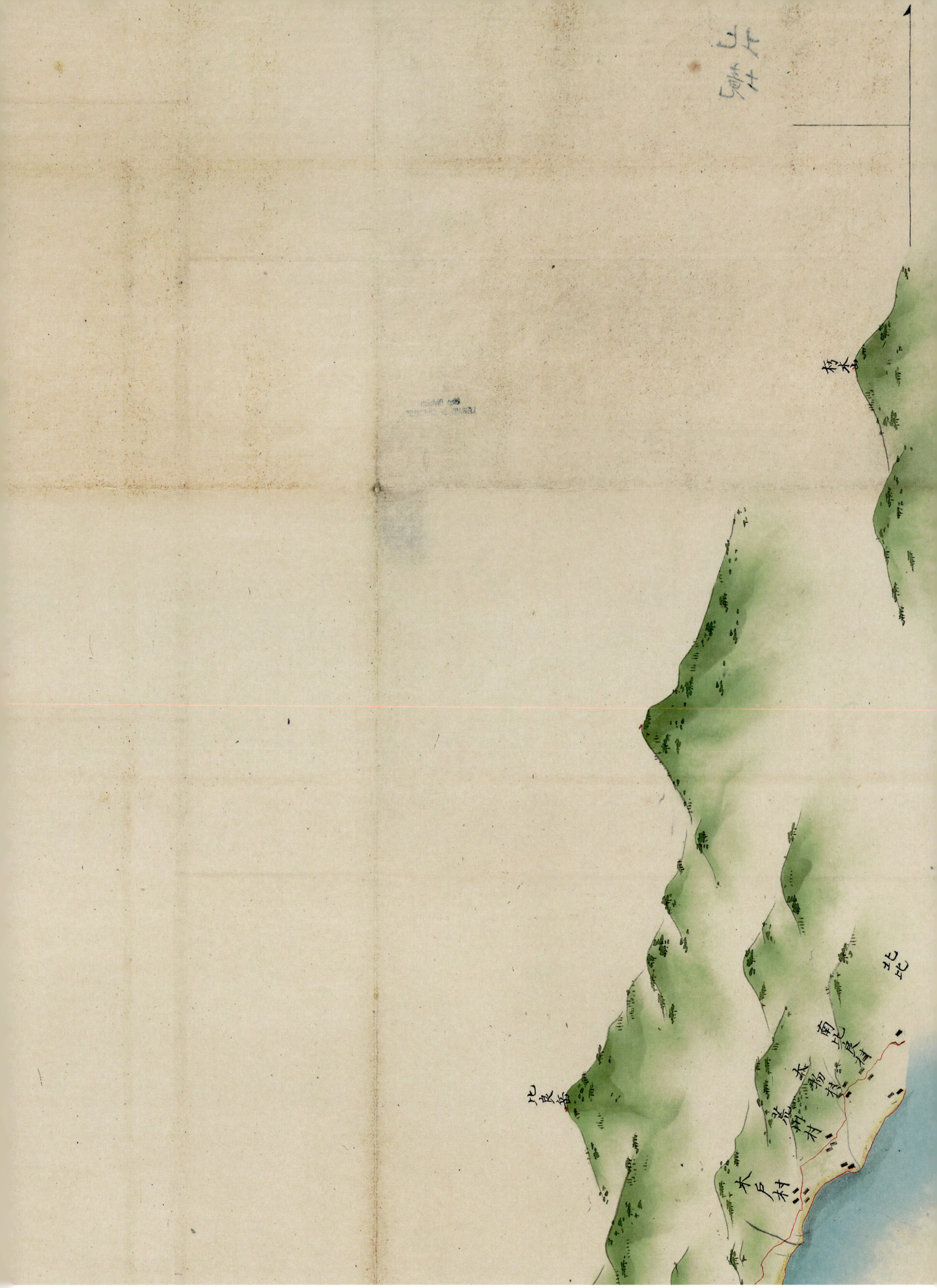
杉木山
比良岳
北比
南比良村
大物村
荒川村
木戸村

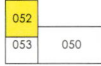

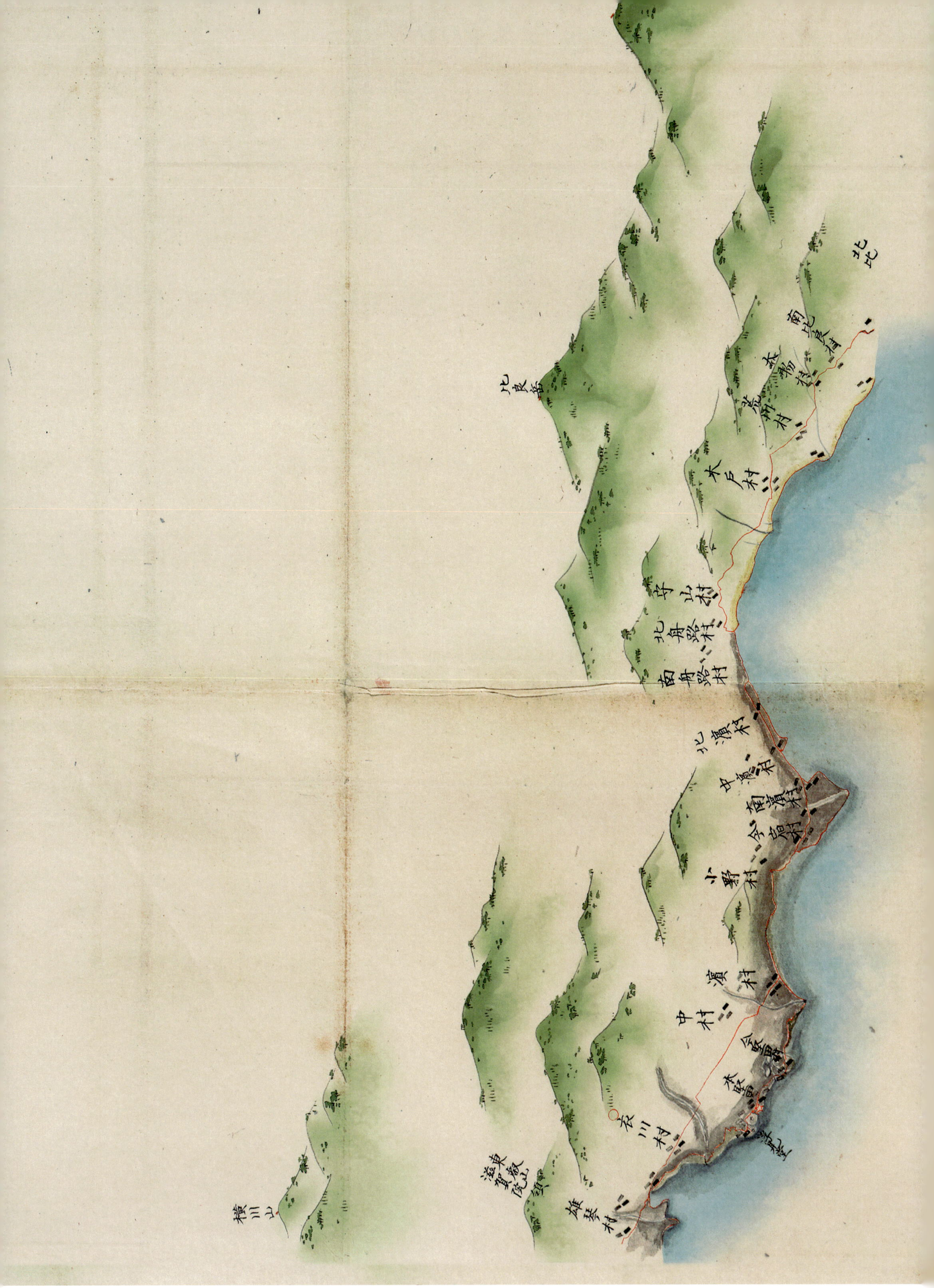

 第126号 堅田・園部（2）

052 053 050 090 086

浮井村
栗生谷村
中地村
弓槻村
杤本村
真住峠
桑田郡
舟井郡
中地村
平野
細川下村
細川中村
細川上村
細川滝村
山城国葛野郡
丹波国桑田郡
小野郷
上村
小野下郷
竜王山
小野郷
杉坂村

058 054
090

第126号　堅田・園部（3）

040 036
060 056
061 058

第127号　福知山（1）

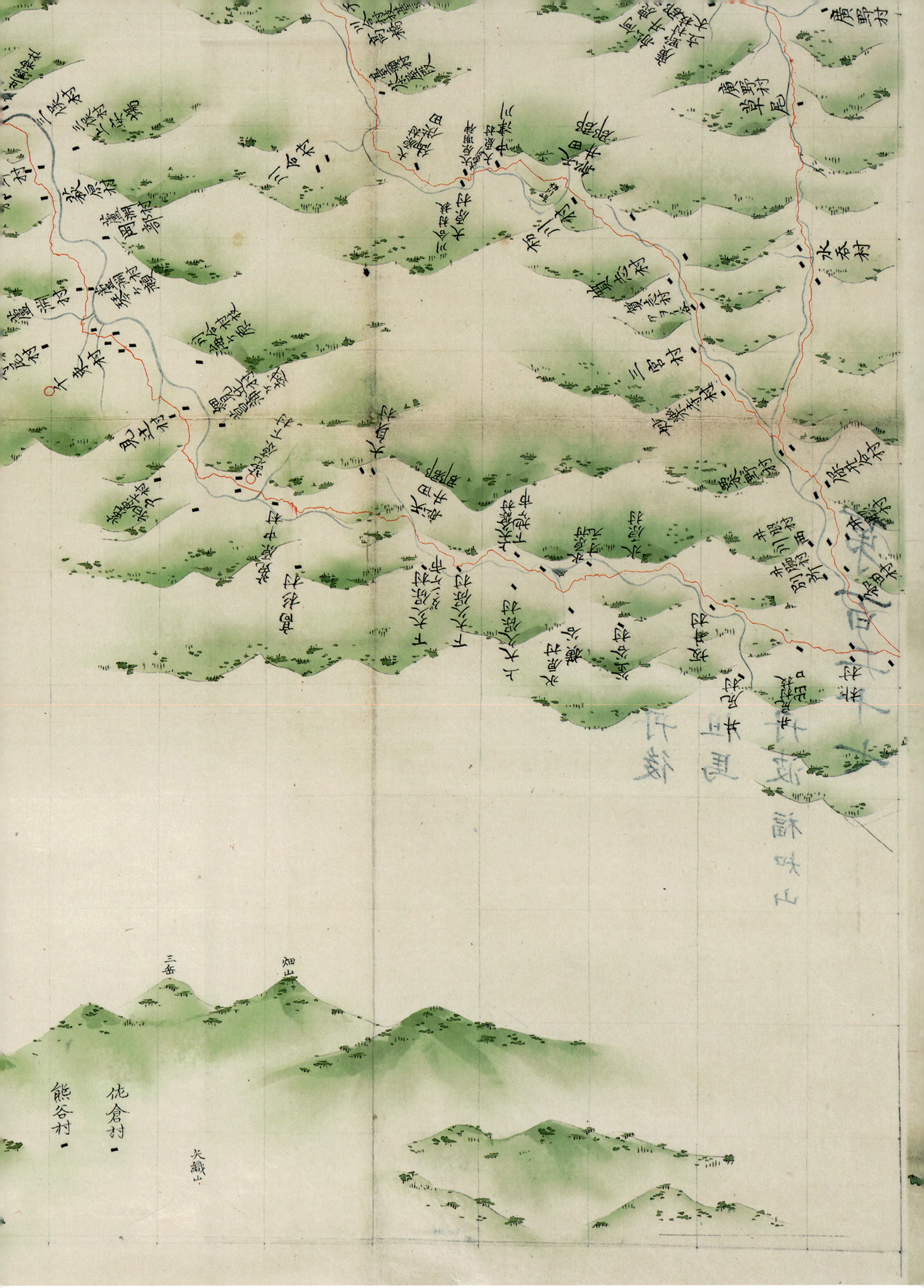
三岳
畑山
佐倉村
熊谷村
大織山

第127号　福知山（2）

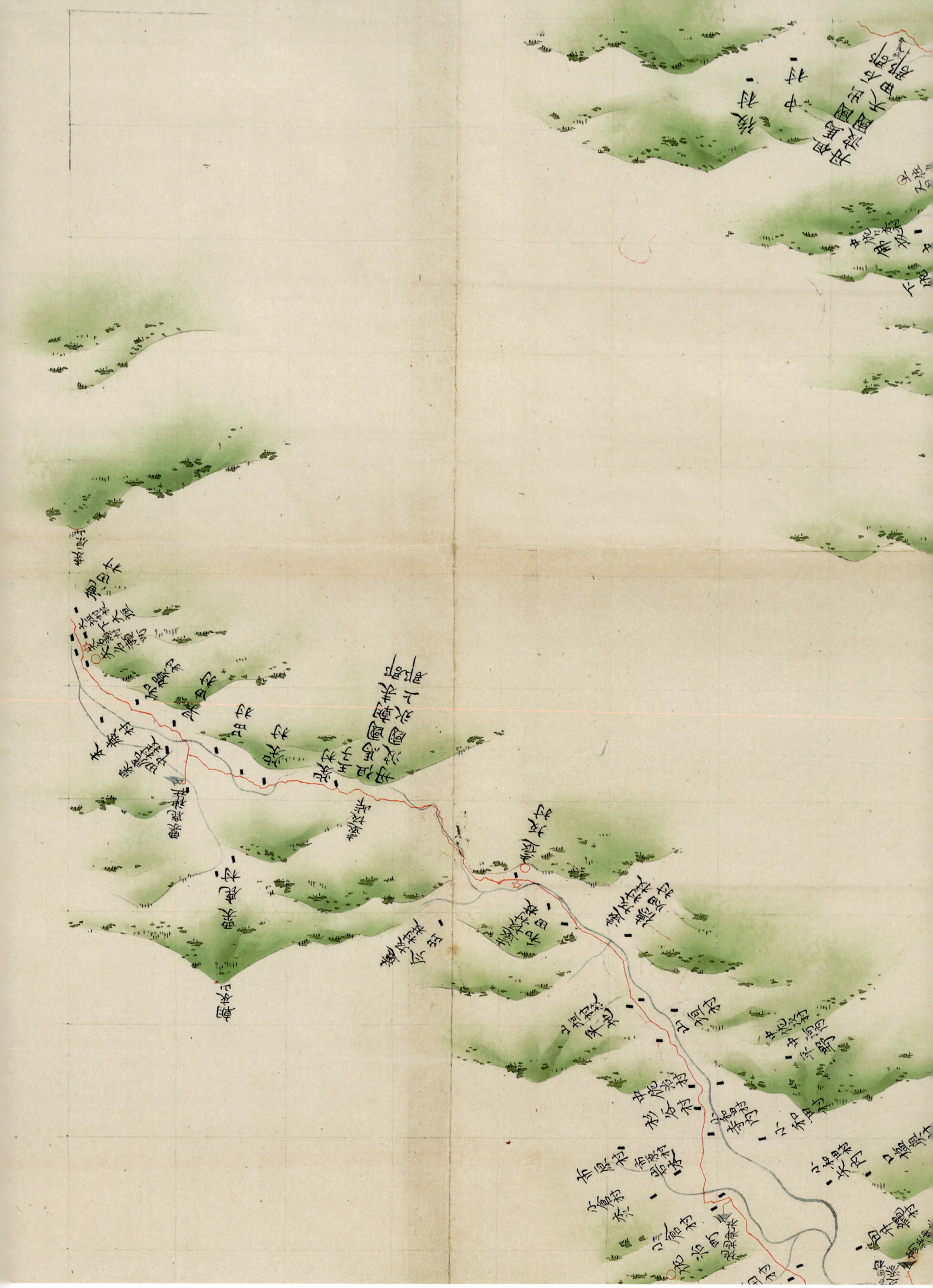

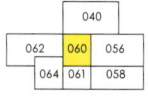

沼村
御油村
井中村
北田井村
南田井村
田中村
常楽寺村
西中村
本郷村
稲継村

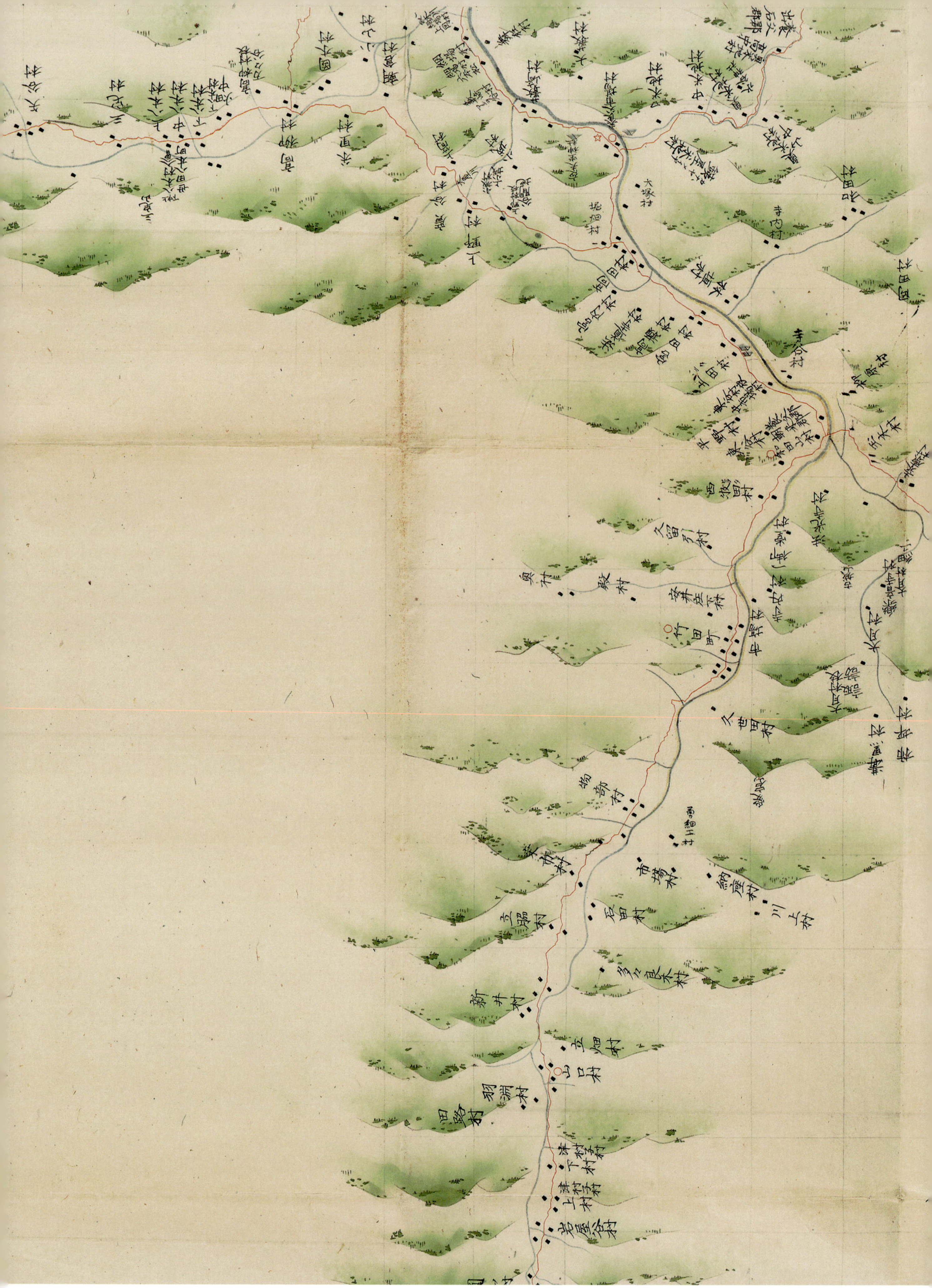

044
062 060
063 064 061

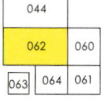

市場村

	062	060
	064	061
	128	

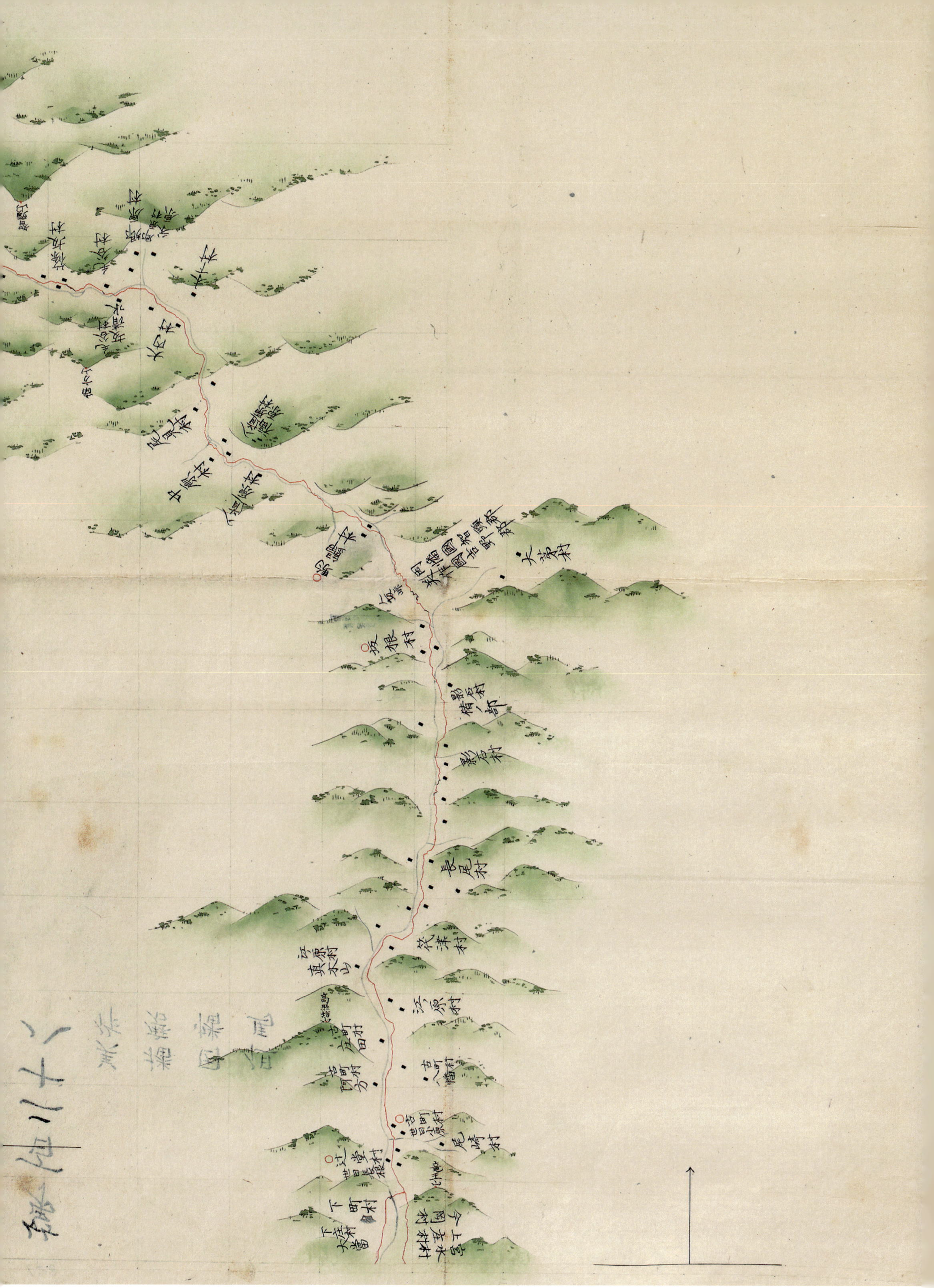

坂根村
影石村
長尾村
花津村
尾崎村
下町村

大宝前新田
大宝新田
八島新田
加路戸村
近江島
松平下総守居城
伊勢国
尾張国
桑名郡
海西郡
朝明郡
三重郡
小向村
柿村
松寺村
蒔田村
西富田村
東富田村
北村
茂福村
八幡村
羽津村
末永村
浜一色村
海蔵川
塩浜村
小倉村
北五味塚村
南五味塚村
鈴鹿川
北長太村

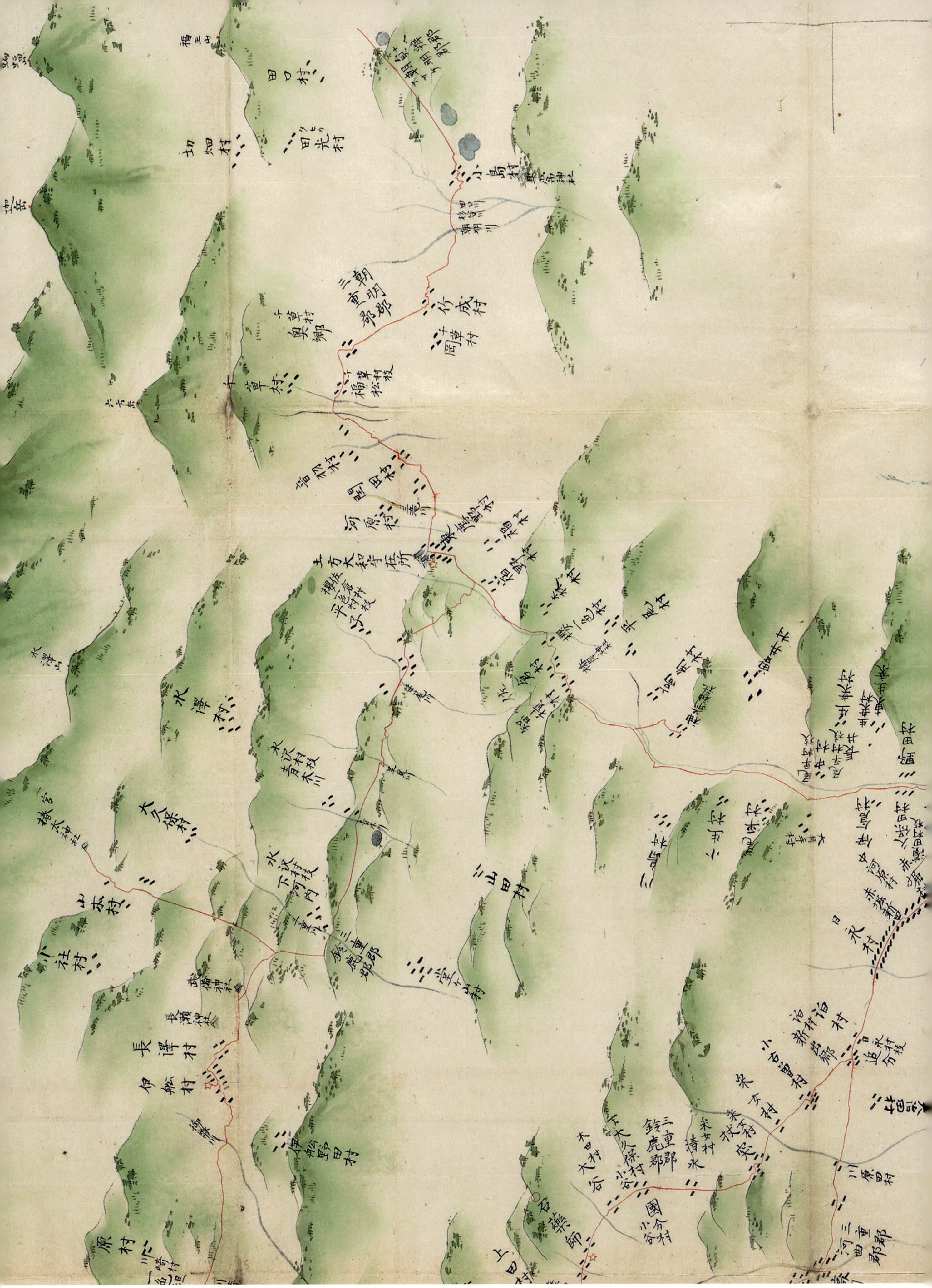

第129号　桑名（1）

塩濱村　駒出村
新巳院
小房村
北五味塚村
南五味塚村　鈴鹿川
三重縣北河曲郡長太村
南長太村

第三十二号

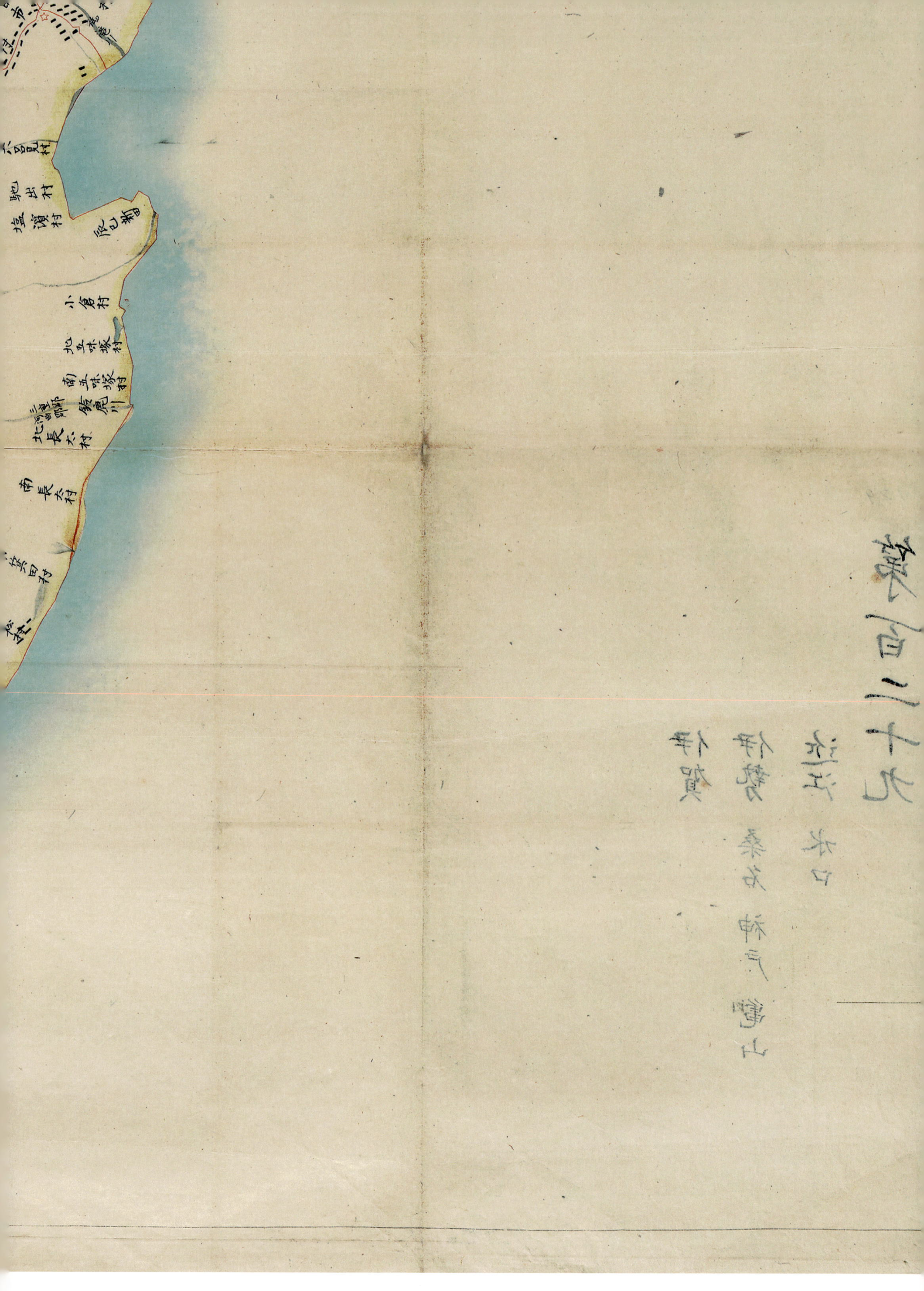

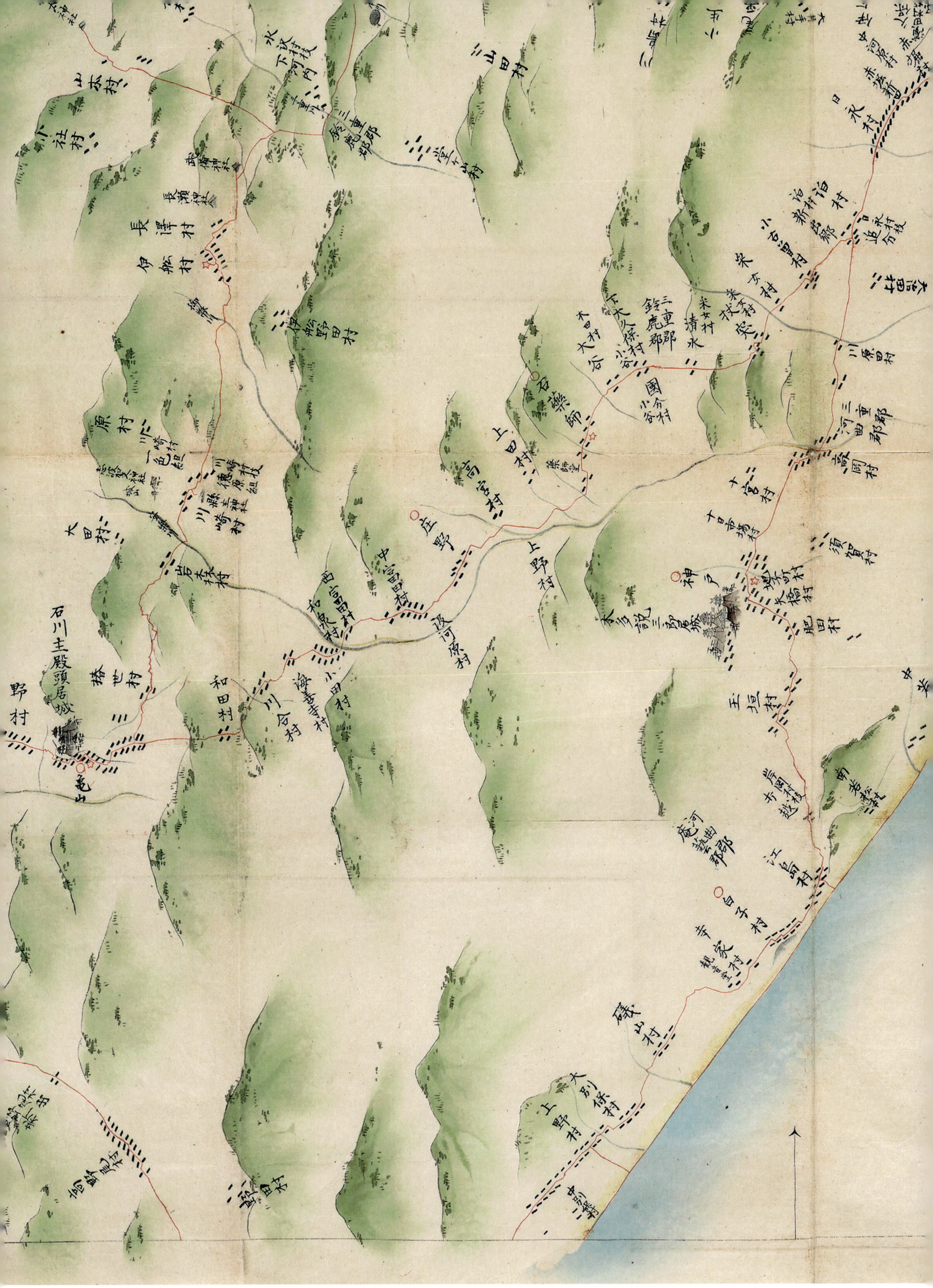
三重郡
鈴鹿郡
長澤村
伊船村
山田村
伊船野田村
石薬師
國分村
上田村
庄野
上野村
中冨田村
神戸
玉垣村
須賀村
肥田村
高岡村
十宮村
河曲郡
奄藝郡
江島村
白子村
寺家村
磯山村
上野村
川崎村
岩森村
和田村
川合村
椿世村
野村
原村
大田村

第129号　桑名（2）

釈迦岳
冠岳
御在所山
入道岳
仙ヶ岳
野登山
石神社
音羽野村
市之瀬村
平子村
猪鼻村
山中村
伊勢国鈴鹿郡
近江国甲賀郡

上小房村
下小房村
河井村
大塚村
大森村
麻生村
鋳物師村
石原
増田村
小谷村
上野田村
日野松尾町
日野大窪町
日野村井町
内池村
野口村
小井口村
寺尻村
鎌掛
泉村
妙感寺地先
林口村
北脇村
水口
加藤能登守居城
新城村
小里村
今在家村
大野村
今宿村
徳原村
市場村
上田村
前野村
吉永村
田川
三雲村

 第129号　桑名（3）

石川主殿頭居城
野村
野尻村
落針村
太岡寺村
小野村
関
市之瀬村
沓掛村
坂下
伊勢国鈴鹿郡
近江国甲賀郡
山中村
猪鼻村
平子村
青土村
市之瀬村

第129号　桑名（4）

第130号　津・松阪（1）

矢野村
須川村
肥留村
星合村
笠松村

矢頭山
堀坂山
高見峠

内瀬村
迫間浦
礫浦
相賀浦
大池
相賀竈
道行竈
道方村
大方竈
鬼ヶ城
東宮山
東宮村
河内村

 第131号 **尾鷲**（1）

會郡
牟婁郡
錦浦
鷲濵
錦浦
蛇島
二郷村
長島浦
宮崎
千鳥濵
海野浦
海野浦
古里濵
道瀬浦
アカノ島
鵜島
三浦
白浦
島勝浦

 第131号 **尾鷲**（2）

九木浦
九木崎
三木里浦
名柄村
小脇村
早田浦
三木浦
古江浦
賀田村
盛松浦
三木崎
梶賀浦
曽根浦
須野浦
甫母浦
遊木浦
獅子島

080
082
084

波田須村
大泊村
紀州殿領分
水野飛驒守領分
木之本浦
井土村
有馬村
花屈

有馬村
市木村
市木川
阿田和村
井田浦
鵜殿浦
成川村
新宮
上熊野地村
下熊野地村
音無川

第132号　新宮（3）

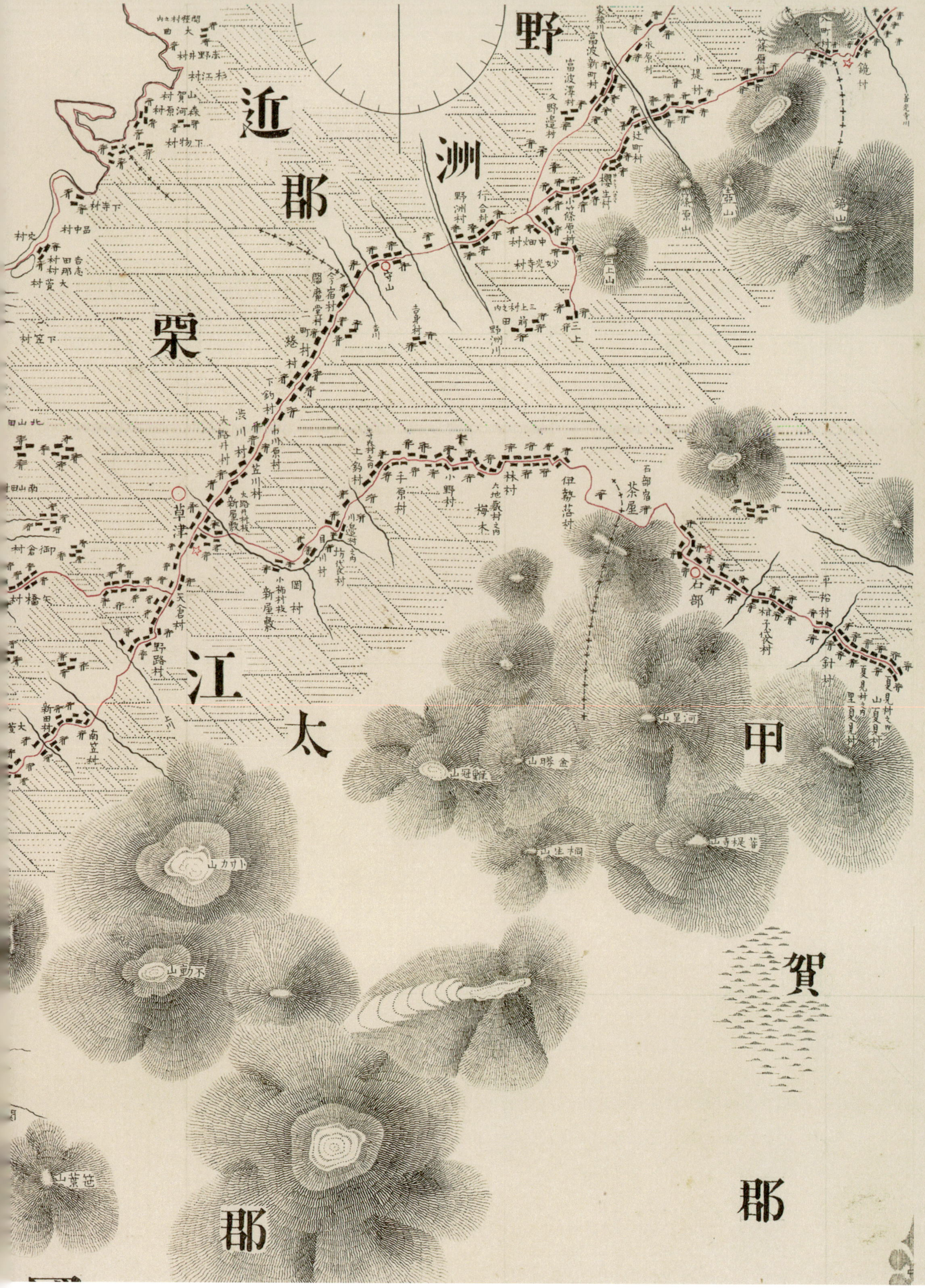

	053	050
090	086	070
092	088	072

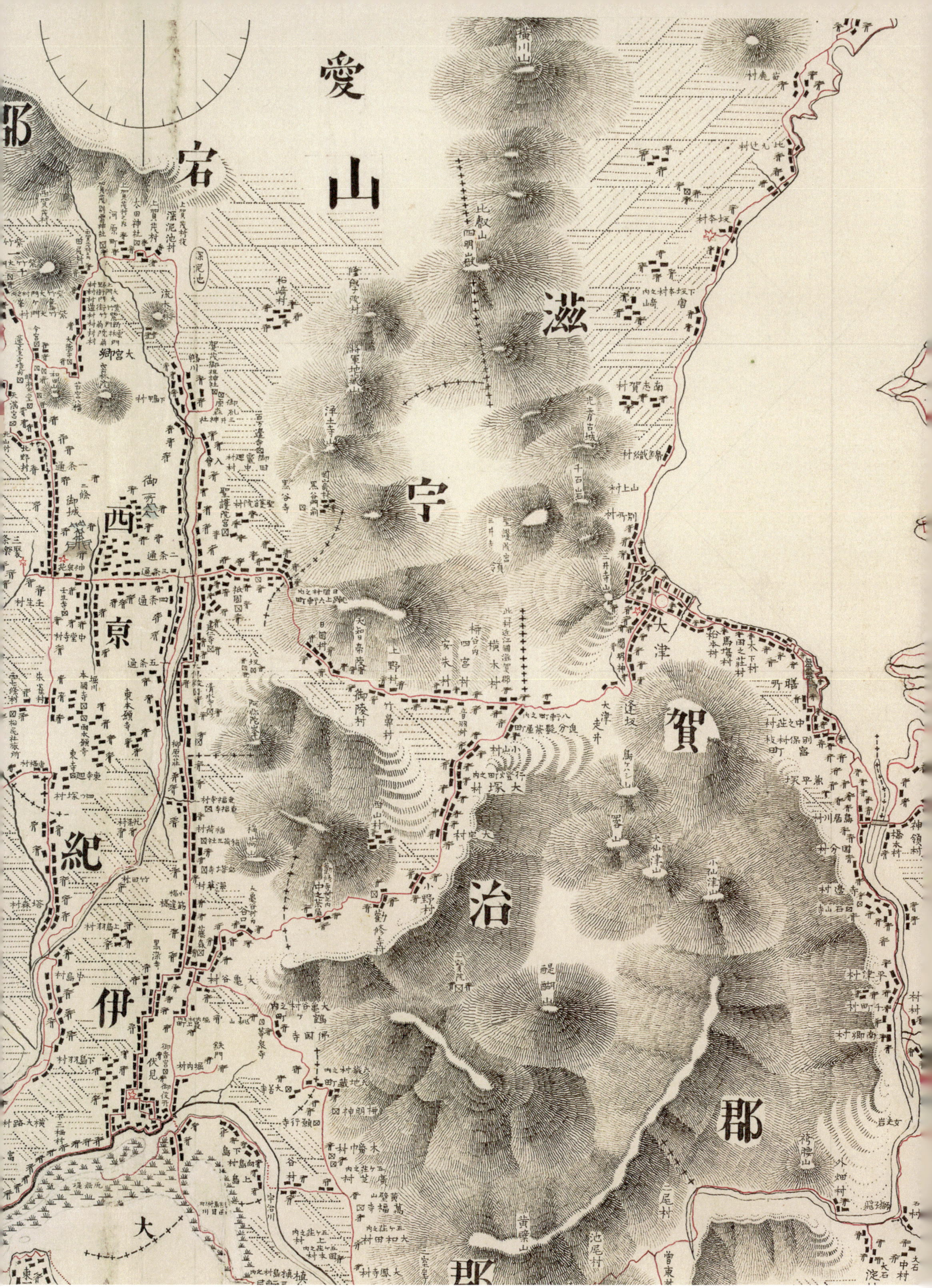

第133号　京都（1）

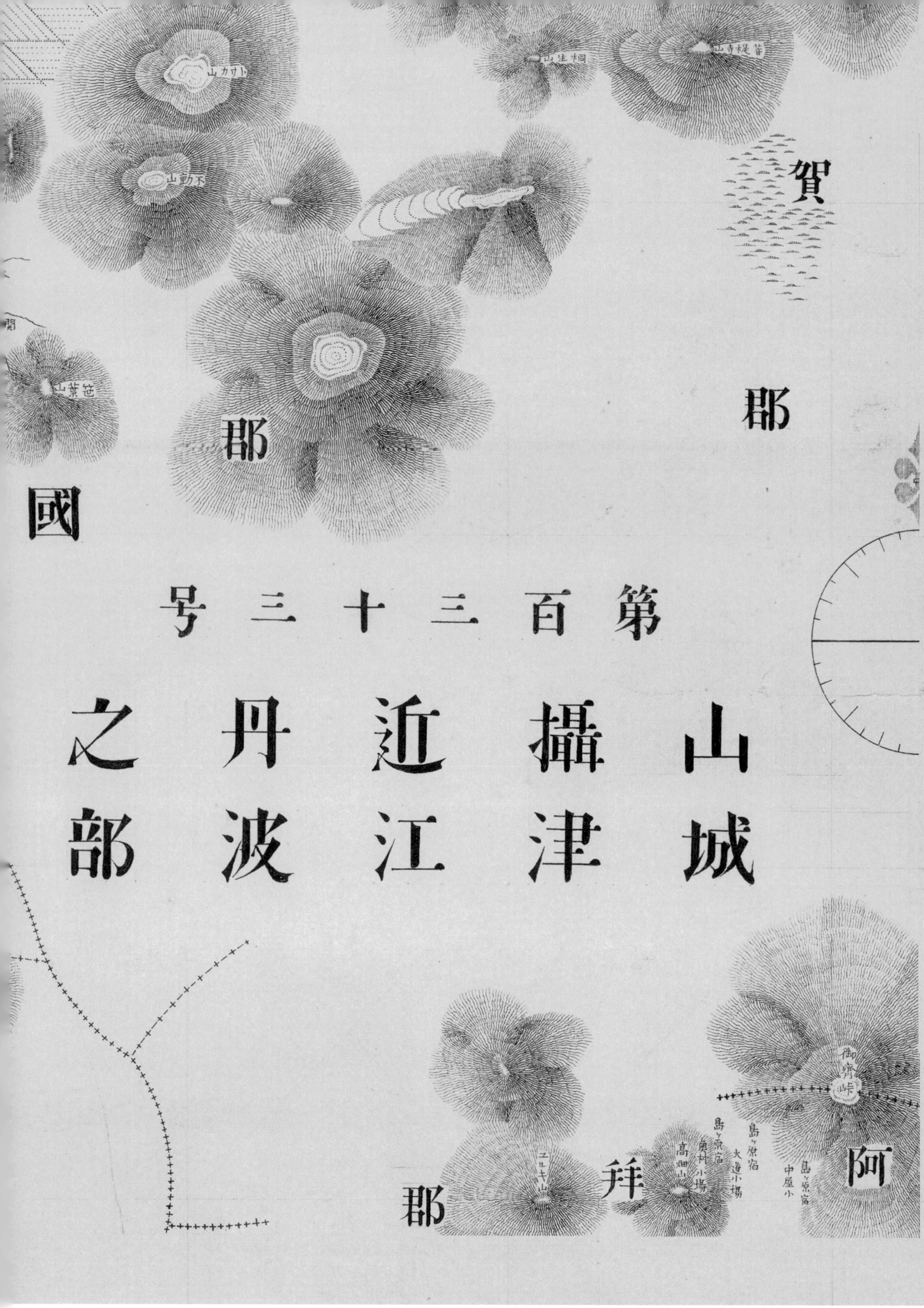

090	086	070
092	088	072
	094	

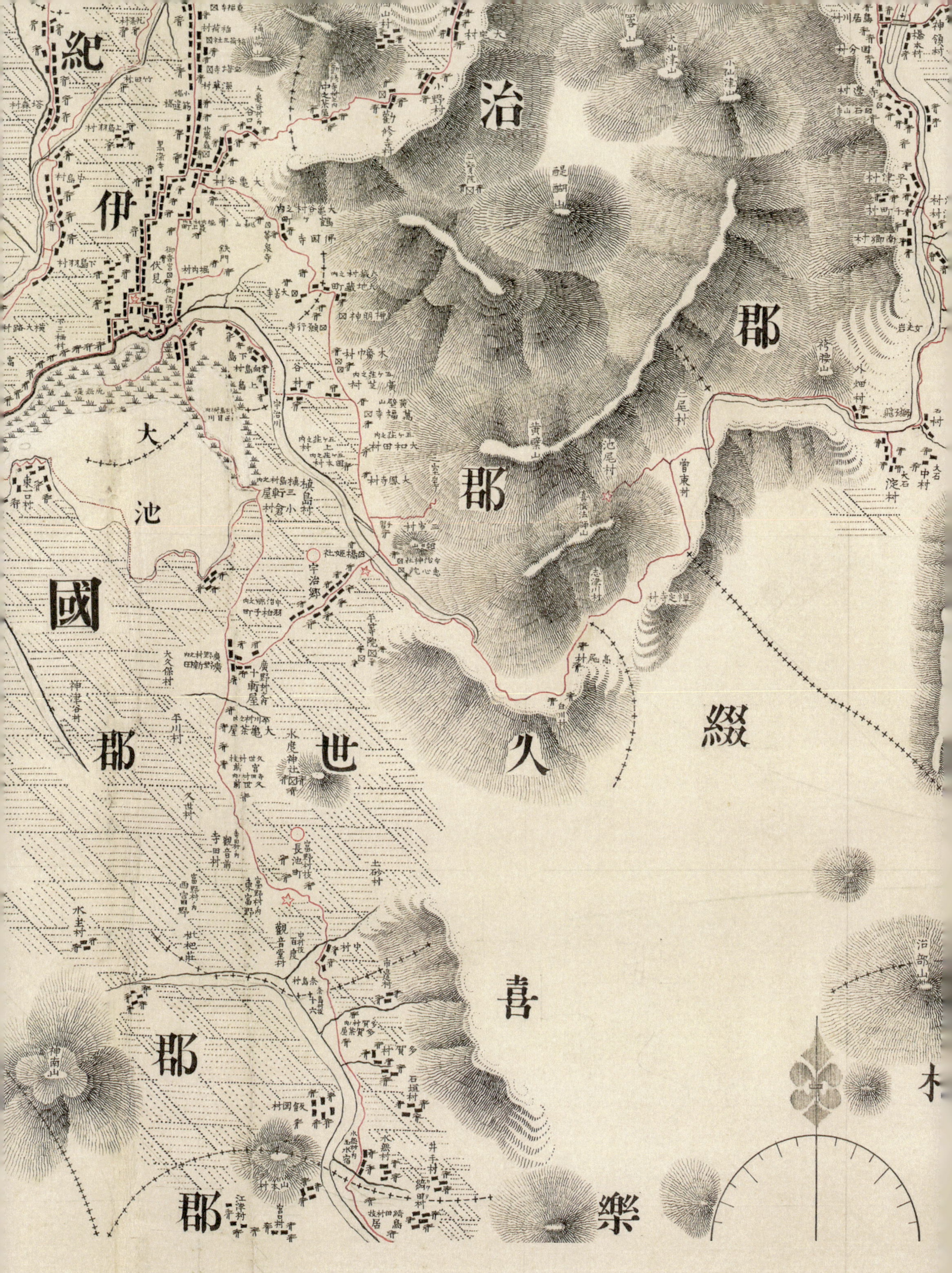

紀
伊
國
郡
治
郡
郡
大
池
久
世
郡
綴
喜
郡
樂
宇治郷
伏見
醍醐山
黄檗山

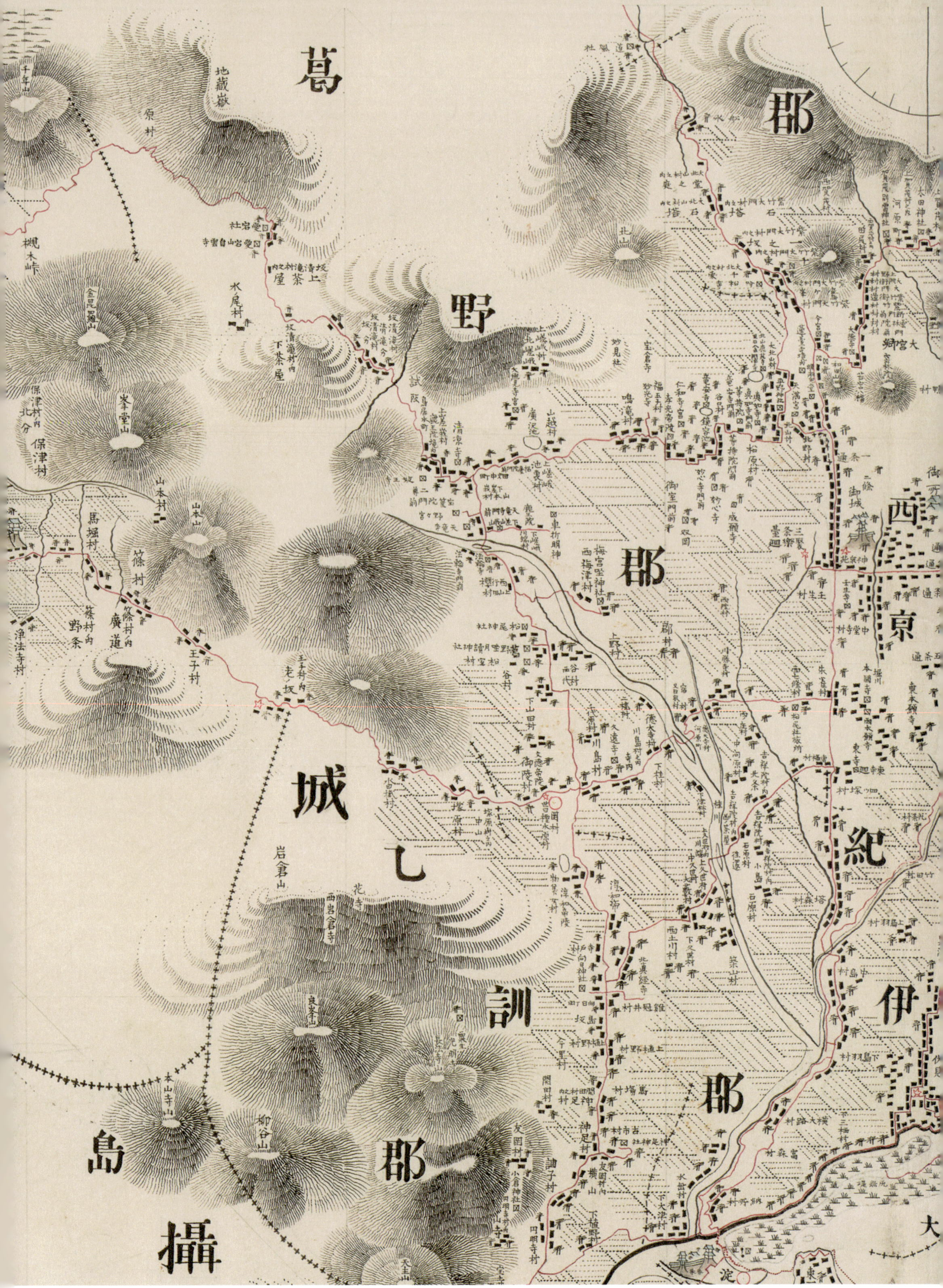
葛
野
郡
城
乙
訓
郡
攝
島
西
京
紀
伊
郡
千年山
地藏嶽
原村
峯堂山
保津村
山本村
山本山
馬堀村
篠村
王子村
岩倉山
良峯山
本山寺山
柳谷山
淀

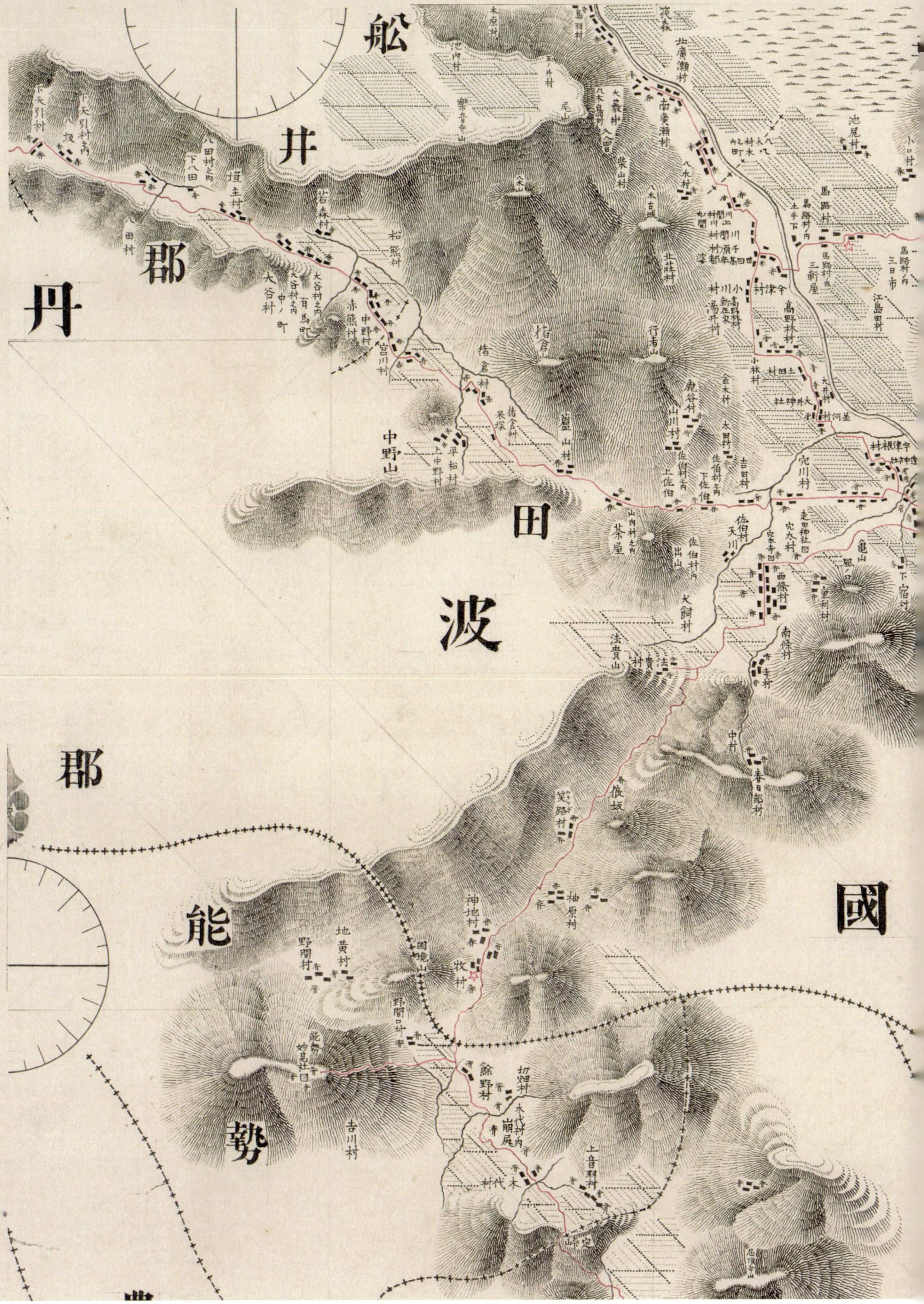

船
井
郡
丹
田
波
國
郡
能
勢
北廣瀬村
南廣瀬村
池尾村
馬路村
高野林村
指倉
行者山
鹿谷村
山川村
穴川村
西條村
亀山
南條村
佐伯村
茶屋
法貴山
法貴村
大飼村
中野山
赤熊村
若森村
垣主村
大谷村
春日部村
中村
笑路村
柚原村
神地村
地黄村
野間村
牧村
吉川村
餘野村
切畑村
崩尾
上音羽村
木代村

乙
訓
郡
島
上
郡
攝
津
紀
伊
郡
國
交
野
郡
茨
田
郡
大
池
岩倉山
柳谷山
天王山
神南山
淀
芥川宿
高槻
枚方宿
橋本町

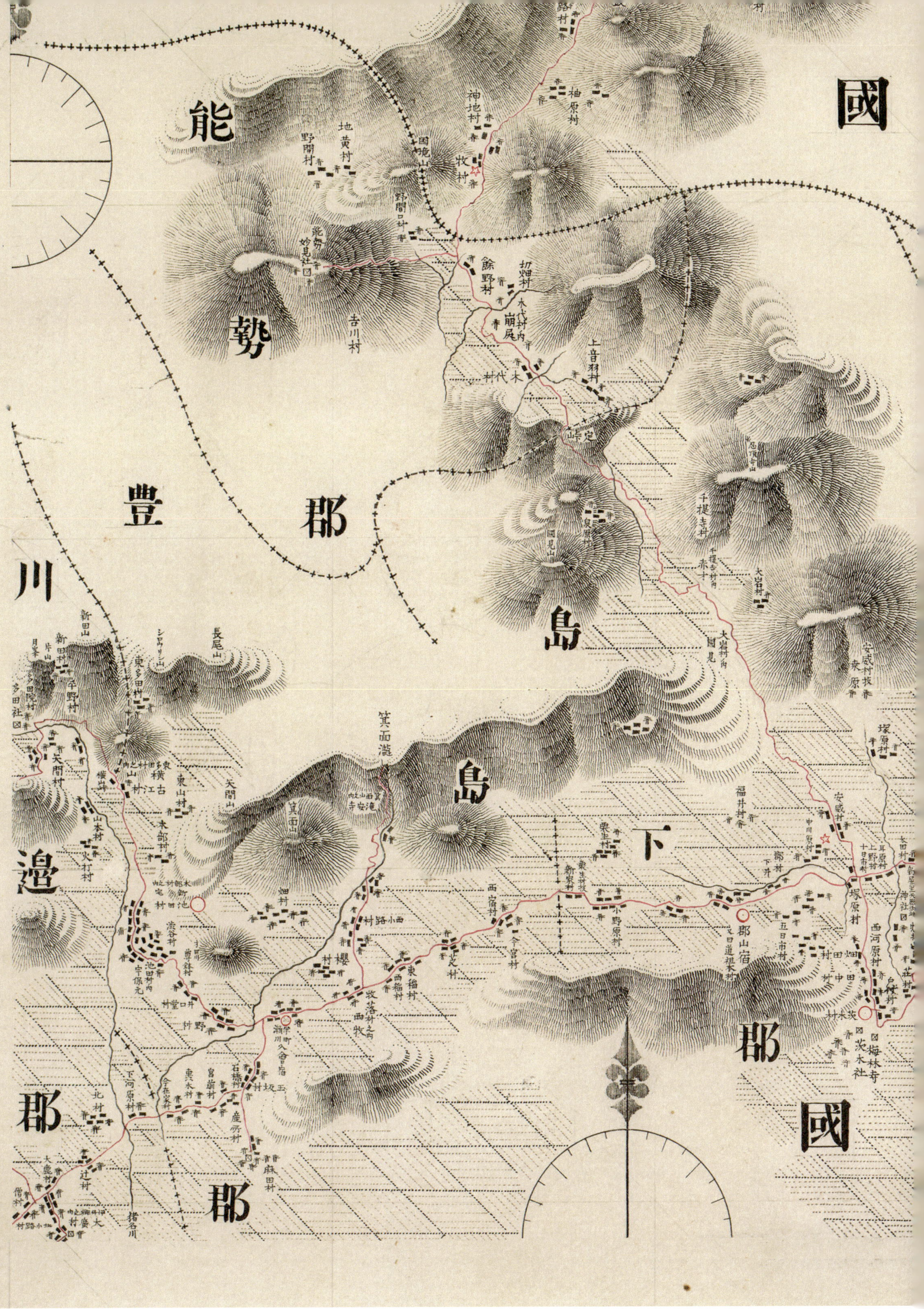
國
能
勢
豊
郡
川
島
下
邊
郡
郡
國
箕面瀧
郡山宿
安威村
塚原村
福井村
宿久庄村
今宮村
野原村
東多田村
平野村
多田社
新田村
長尾山
天間山
古江村
東山村
木部村
池田村
北村
大鹿村
麻田村
勝尾寺
梅林寺
神地村
柚原村
牧村
地黄村
野間村
能勢妙見社
吉川村
上音羽村
千提寺村
大岩村
庭瀬村
西河原村
白井村
茨木

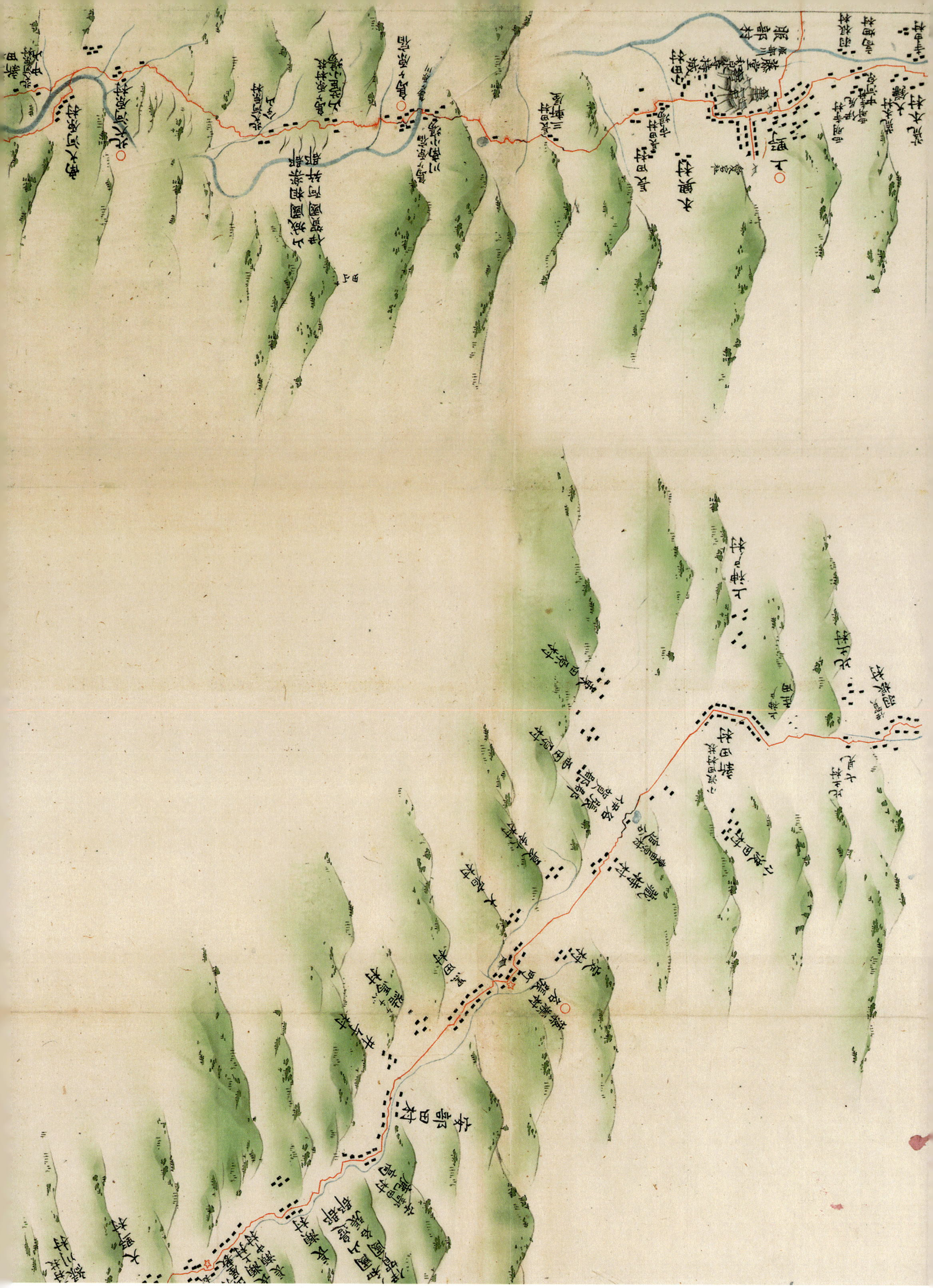

088 072
100 094 074
096

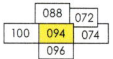

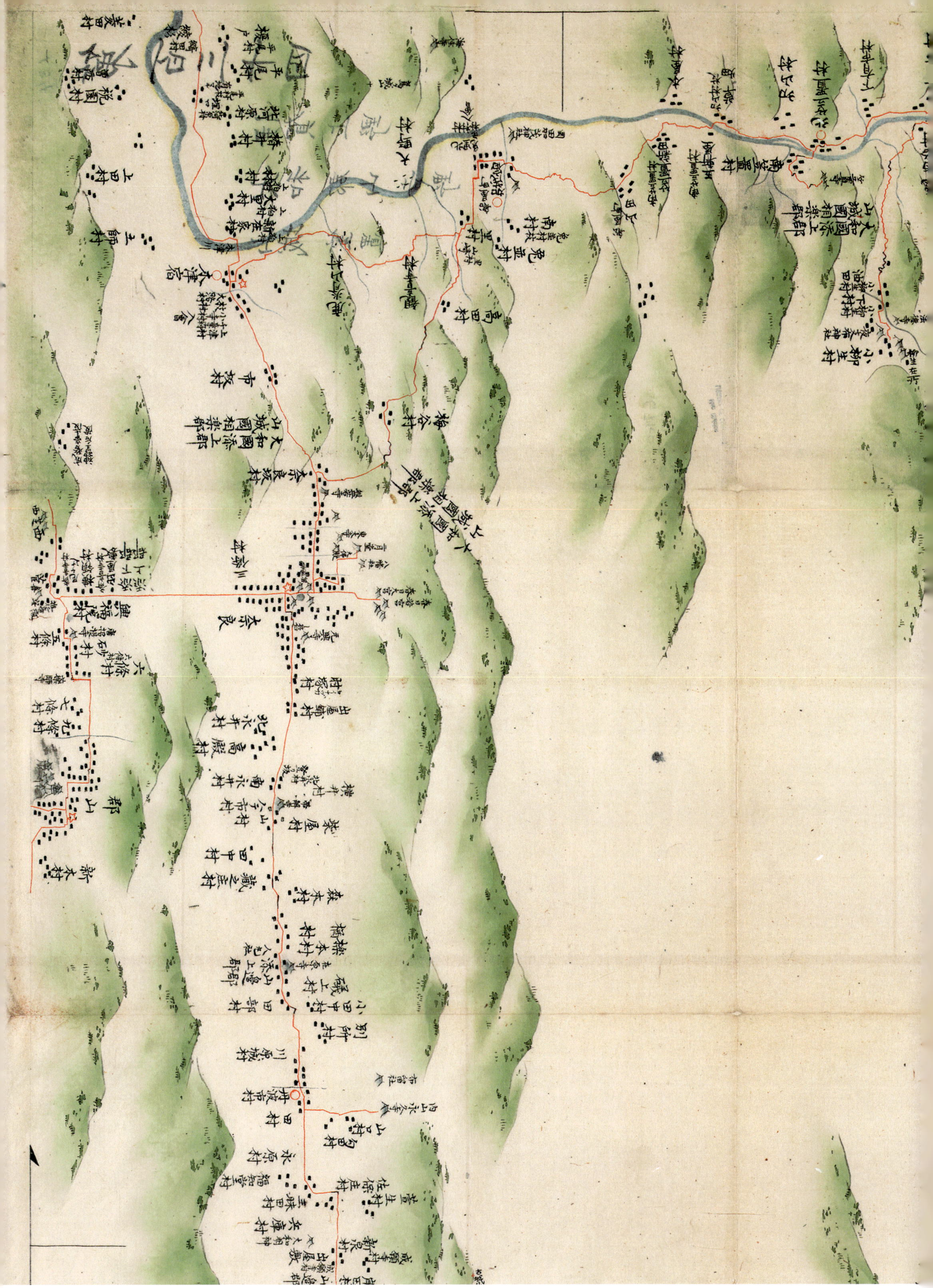

第134号　奈良（1）

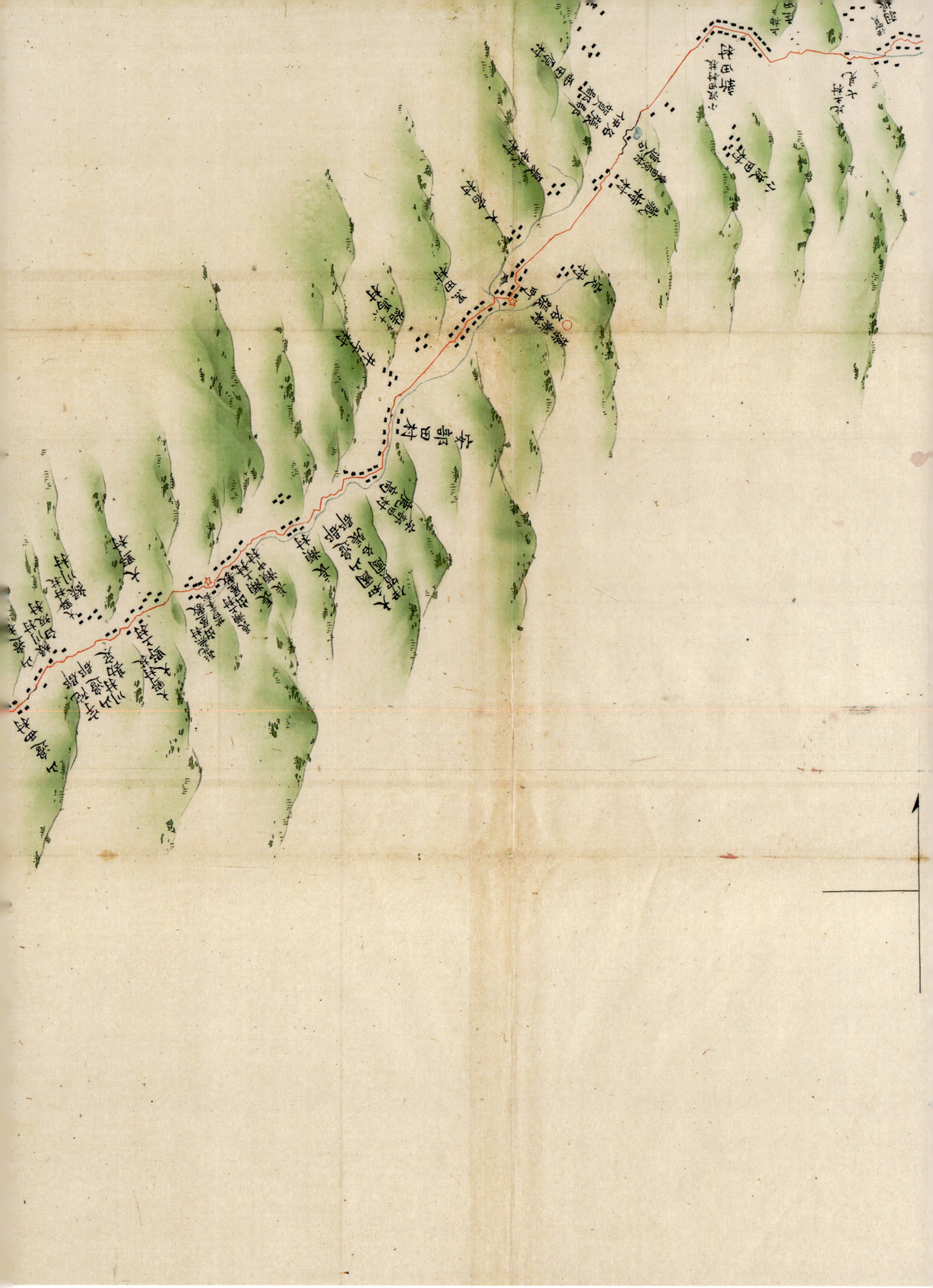
安部田村

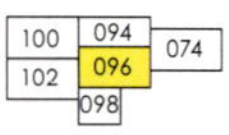
100
094
074
102
096
098

第134号　奈良（2）

吉野郡
高市郡
千股村
上市村
飯貝村
丹治村
吉野
土佐町
真弓村
大久保村
檜垣本村

第135号　大阪（1）

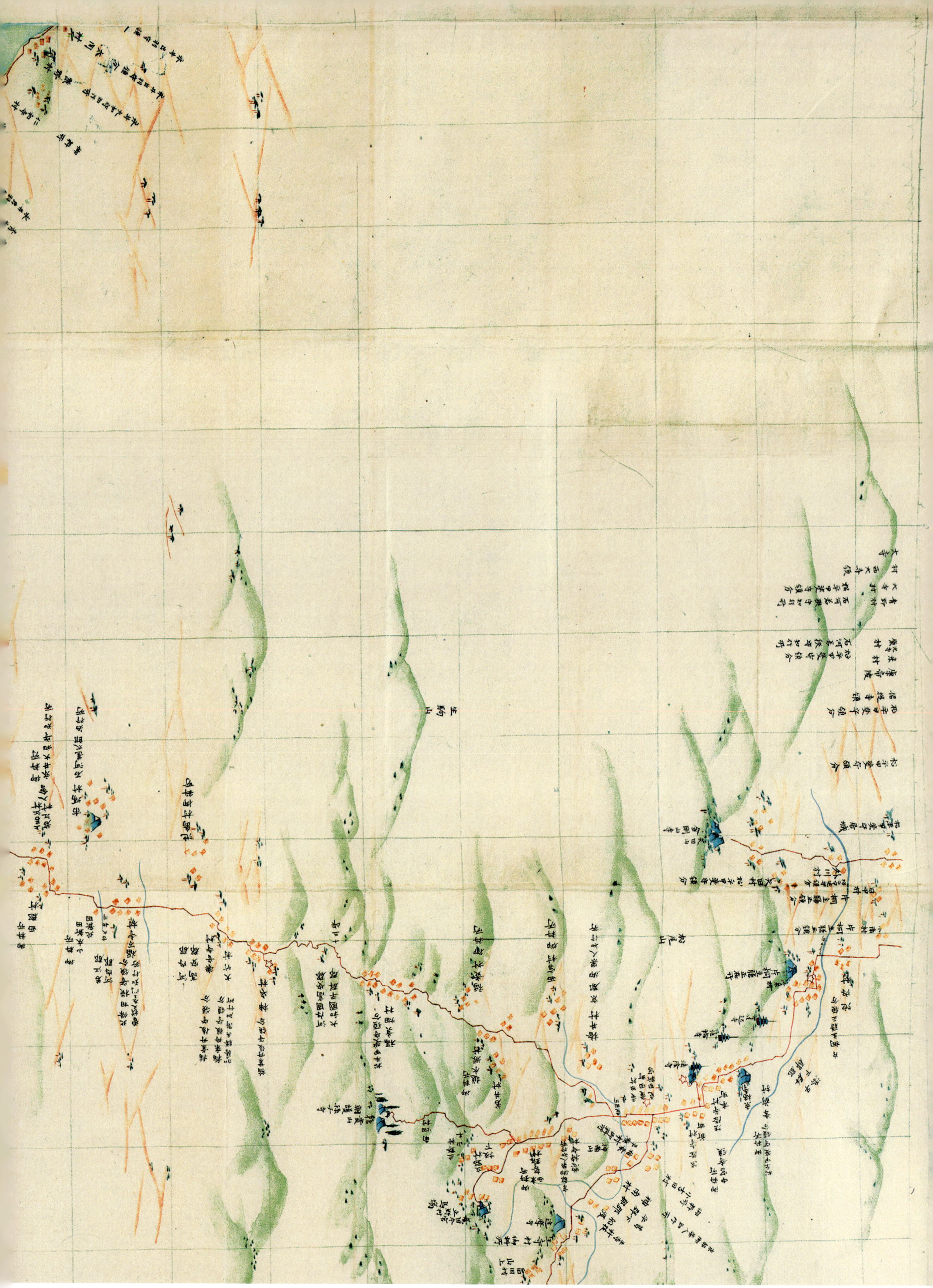

092
112 116 100 094
102

第135号　大阪（2）

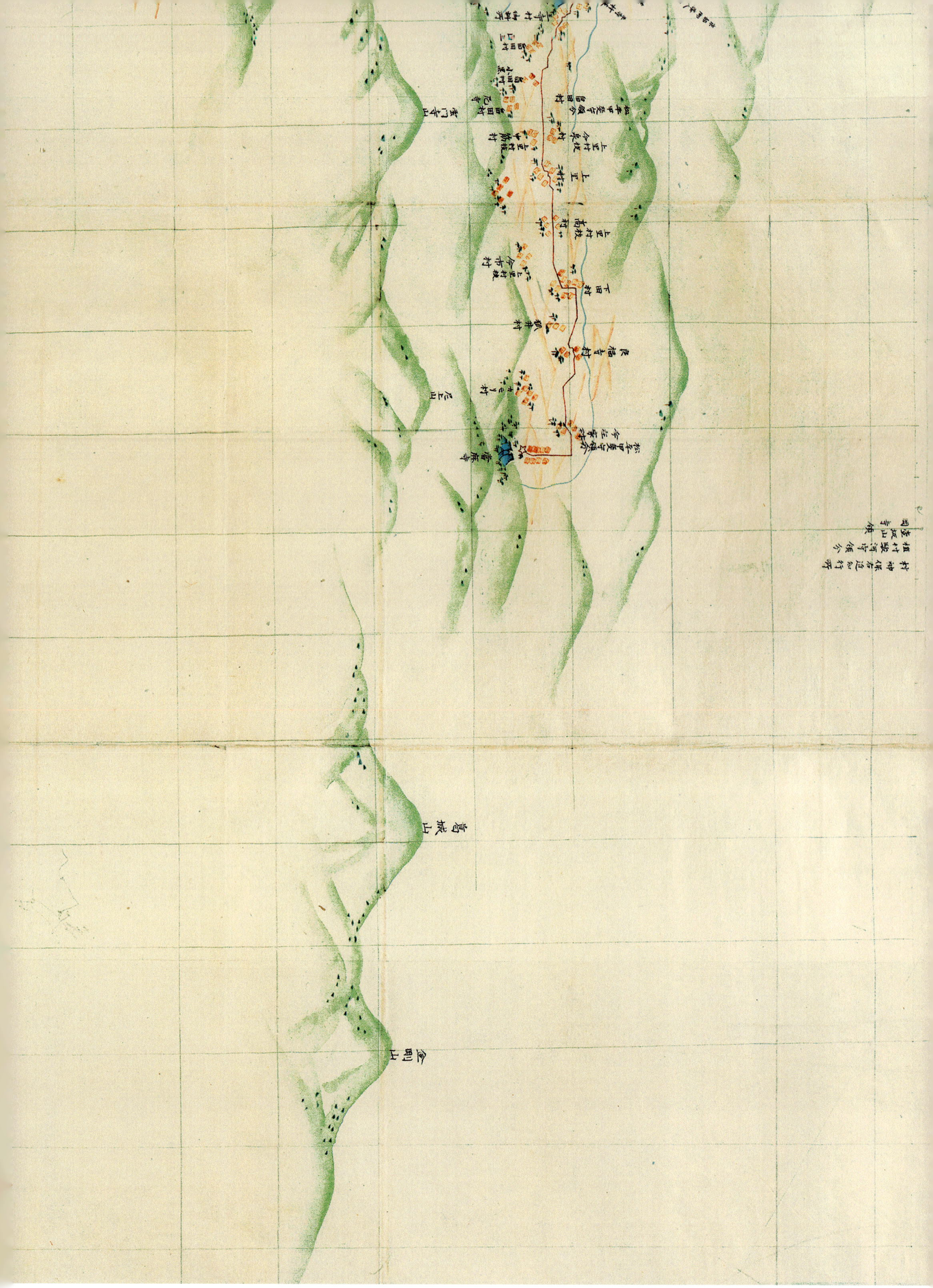

100
116 102 096
117 099 098

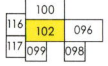

摂津国
和泉国大鳥郡
槇尾山

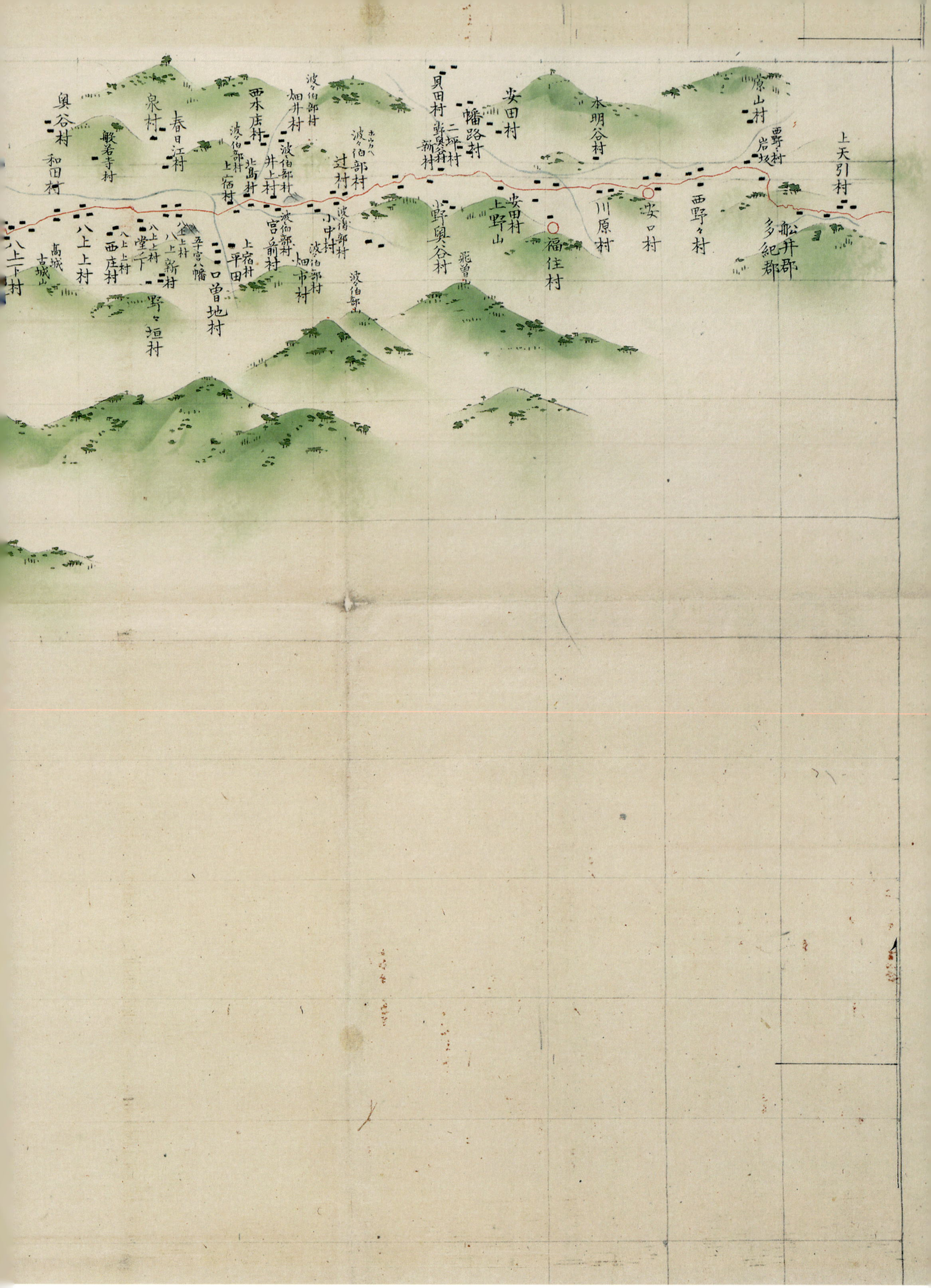
奥谷村
和田村
般若寺村
泉村
春日江村
木庄村
波々伯部村
畑井村
波々伯部村
北嶋村
上宿村
井上村
波々伯部村
辻村
貝田村
新村
二坪村
幡路村
安田村
本明谷村
原山村
西野村
岩坂村
上天引村
八上下村
高城山
八上上村
西庄村
八上新村
野々垣村
口曽地村
上宿村
平田
宮前村
波々伯部村
畑市村
小中村
波々伯部村
奥谷村
上野山
安田村
福住村
川原村
安口村
西野々村
船井郡
多紀郡
波々伯部山

新庄村
北澤村
池上村
郡家村
濱谷村
東岡屋村
西岡屋村
川北村
坂本村
西谷村
宮田村
髙屋村
川北新田
大山上村
大山宗村
出合
吉佐村
網掛村
東吹村
笹山
青山下野守居城
池上村
岩崎村
小枕村
味間北村
味間南村
小多田村
三国山
久下山
白岳
住山村
市原村
今田村
本庄村
市原村
小野原村
上宿村
岩倉村
立杭村
上相野村
下相野村
井草村
丹波國多紀郡
播磨國加東郡
攝津國有馬郡
丹波國多紀郡
攝津國有馬郡
清水寺
御嶽山
松山
奥山

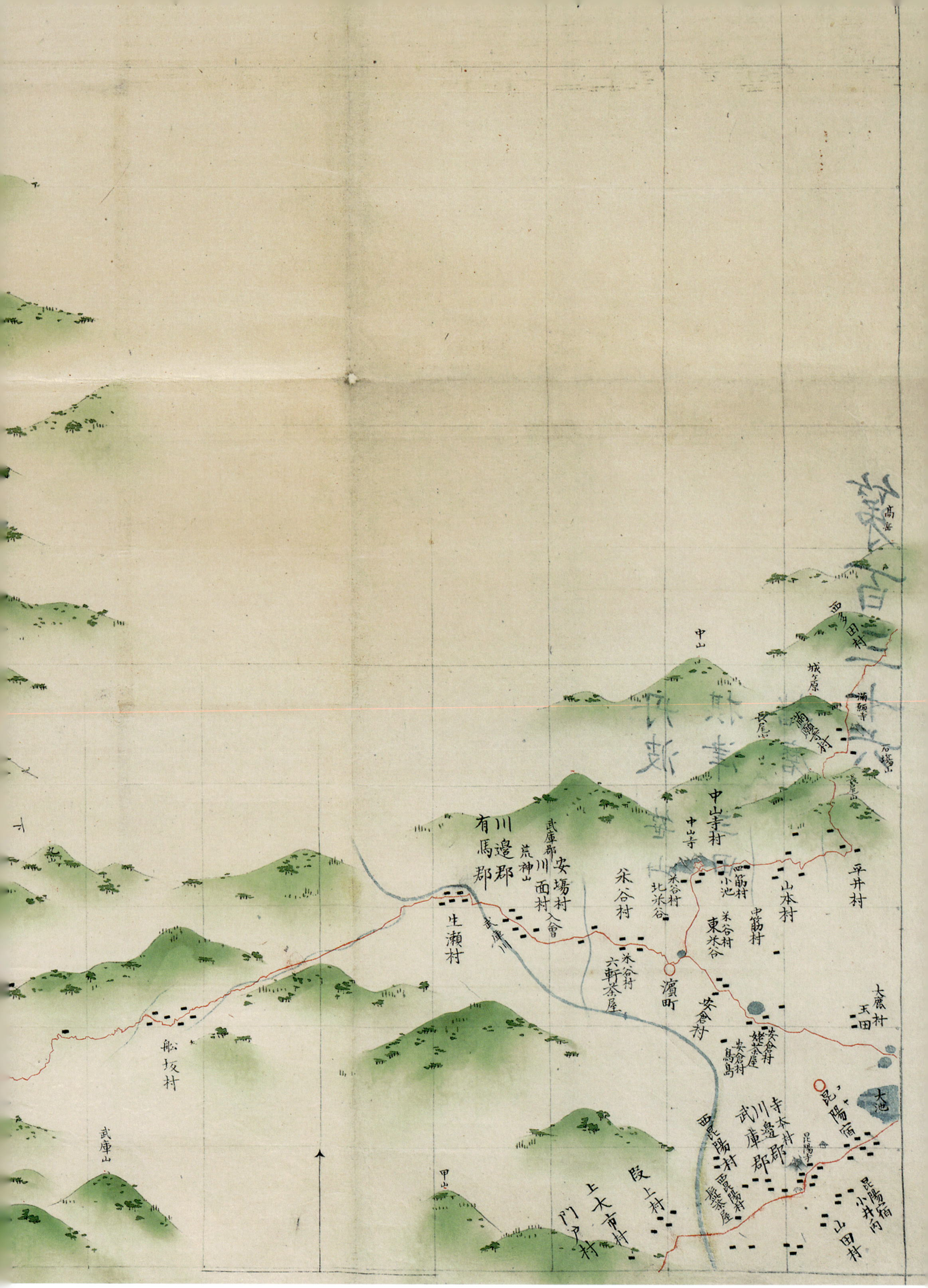

108	104	090
110	106	092
	112	

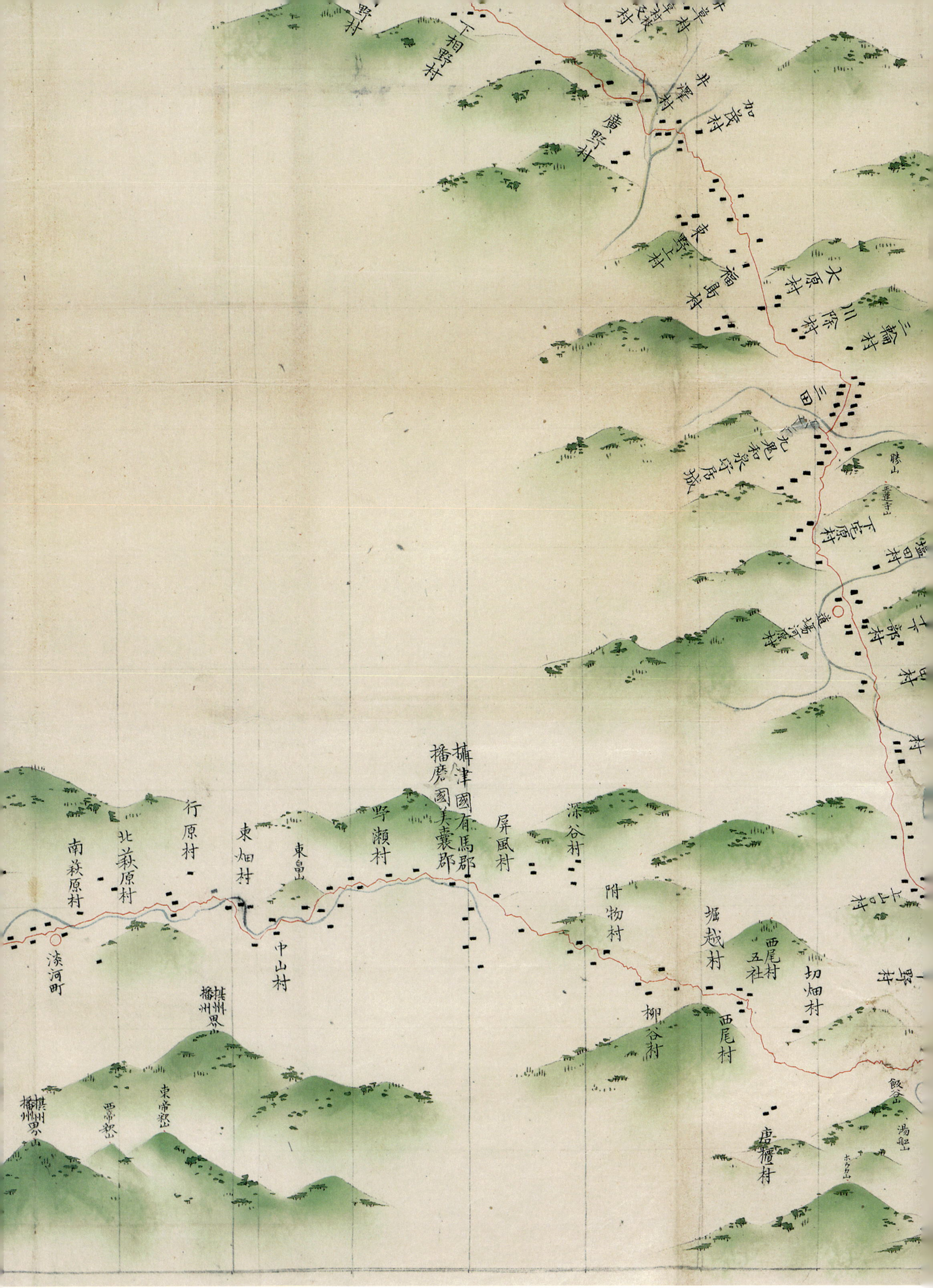
下相野村
井澤村
加茂村
廣野村
東野上村
福島村
大原村
川除村
三輪村
三田
九鬼和泉守居城
下宅原村
道場河原村
下部村
攝津國有馬郡
播磨國美嚢郡
野瀬村
屏風村
深谷村
行原村
東畑村
東畠山
北萩原村
南萩原村
淡河町
中山村
攝州播州界山
東帝釈山
西帝釈山
堀越村
西尾村
五社
切畑村
柳谷村
西尾村
唐櫃村

大山上村
波賀尾山
久下山
白岳
北村
住山村
不来坂村
市原村枝
今田
本庄村
小野原村
丹波國多紀郡
播磨國加東郡
市原村
市原村新田
松山
泉山
丹波國多紀郡
播磨國加東郡
上鴨川村
下鴨川村
御嶽山
清水寺
大津村
立杭村
清水寺境内
西坂本
清水寺境内
東坂本
丹波國多紀郡
播磨國加東郡
猪子山
馬瀬村
家峯山
古清水寺
摂津國有馬郡
丹波國多紀郡
上相野村
上三草村

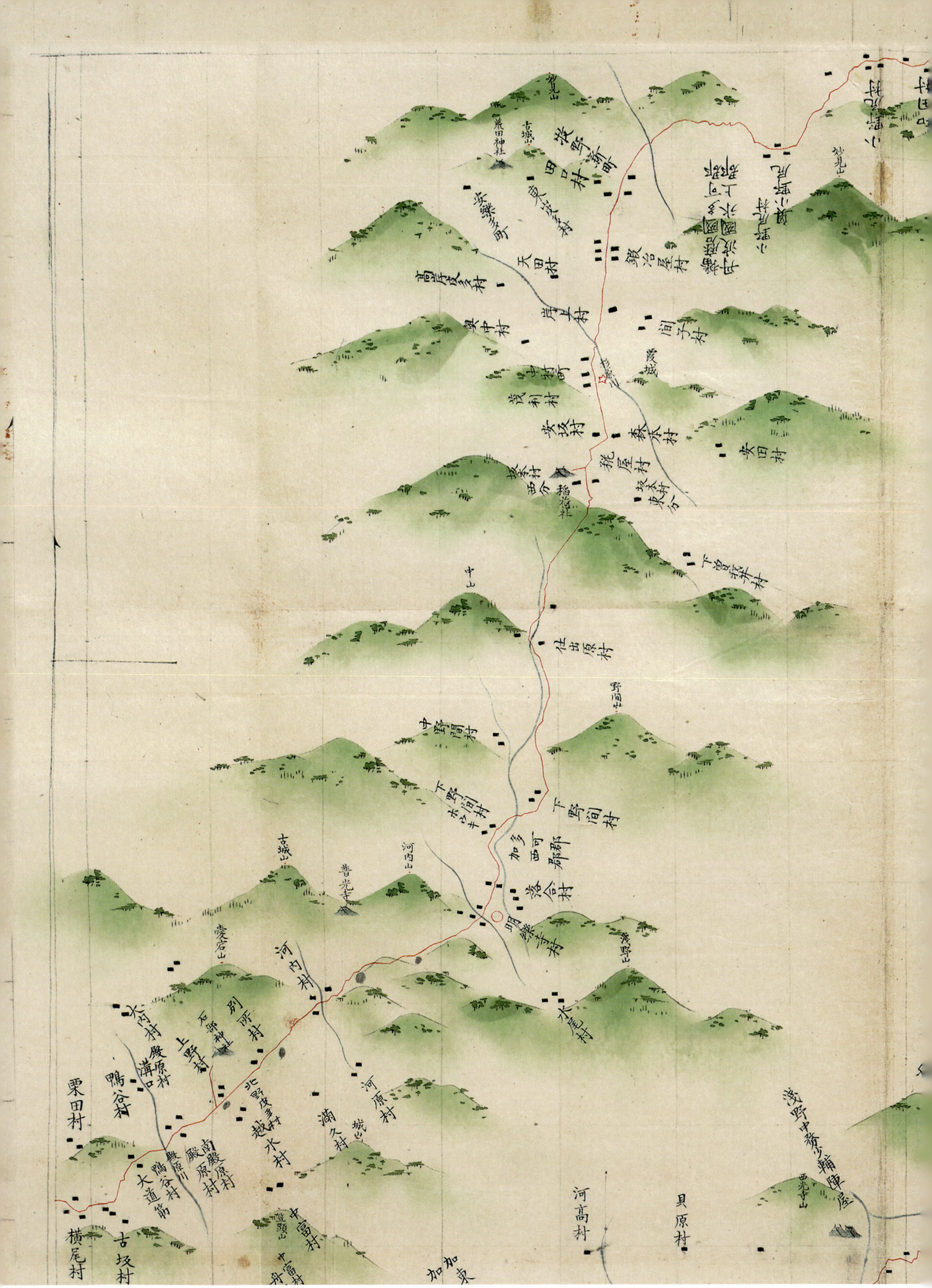
栗田村
横尾村
河内村
別所村
上野村
河原村
下野間村
中野間村
落合村
河高村
貝原村
天田村
鍛冶屋村
安田村

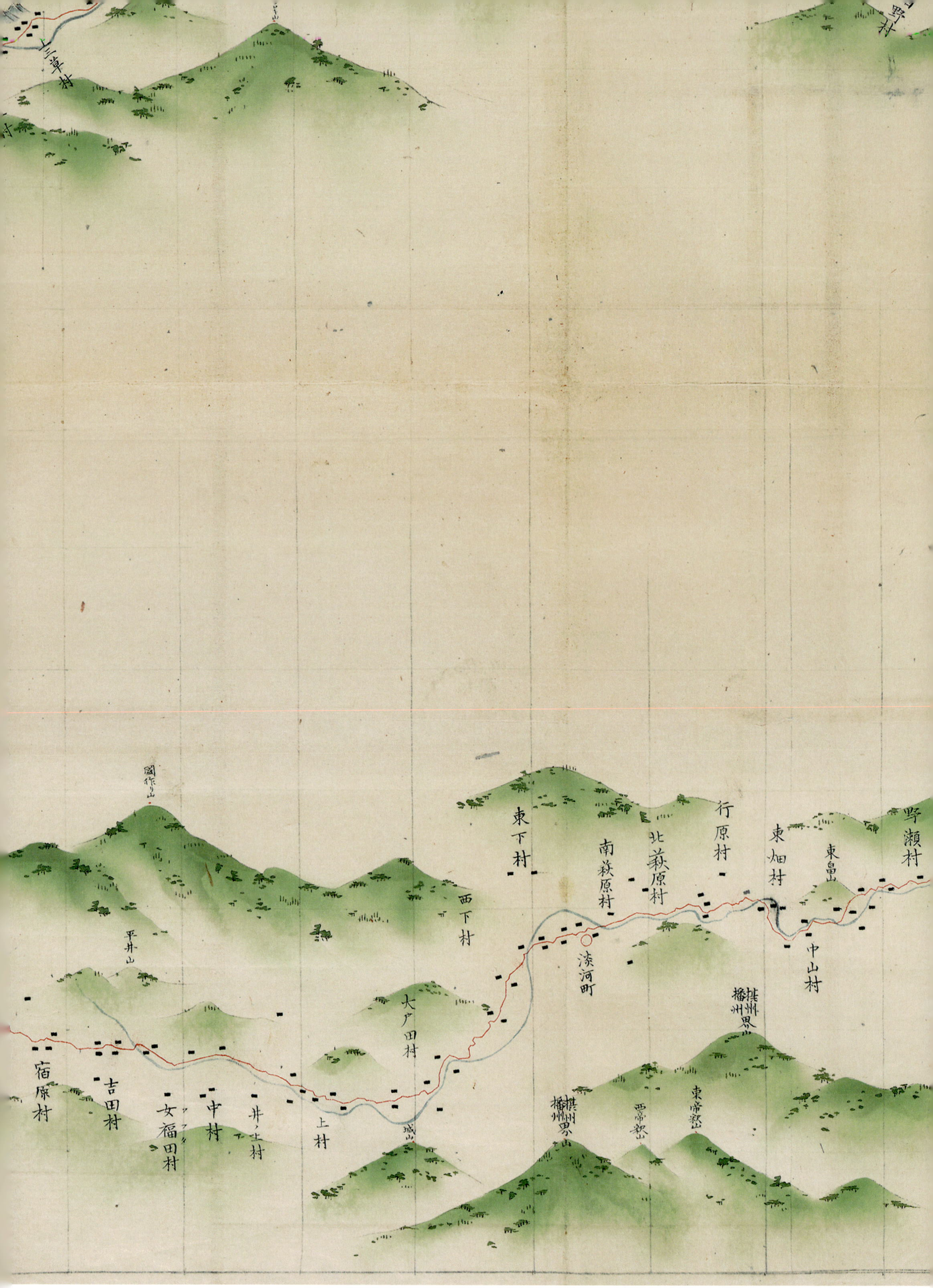

野村
國作山
平井山
東下村
西下村
行原村
北荻原村
南荻原村
東畑村
東畠山
野瀬村
淡河町
中山村
摂州播州界山
大戸田村
宿原村
吉田村
女福田村
中村
井ノ上村
上村
城山
摂州播州界山
西帝釈山
東帝釈山

横尾村
古坂村
河高村
貝原村
加東郡
加西郡
青野原新田
滝野川
野村
鳥居村
社村
佐保社
三口村
西笠原村
東笠原村
中野村
一柳土佐守在所
小野村
見土呂村
神木村
山角村
西山村
國包村
高木村
三木町
一柳順之助陣屋
東這田村
溝口村

 第136号　篠山・三田（4）

南
八幡村
森村
徳井村
石屋村
東明村
住吉村
御影村
野寄村
岡本村
田中村
津知村
武庫郡
西宮
今津村
鳴尾村
小松村
西新田
東新田
濱田村
武庫郡
川邊郡
常吉村

丹生山
再度山
摩耶山
布引滝
中野村
熊内村
筒井村
中村
八部郡
菟原郡
北野村
神戸村
長田村
長田神社
池田村
板宿村
西代村
大手村
東尻池村
西尻池村
駒林村
野田村
須磨寺
西須磨村
東須磨村
鉄拐嶺
摂津國八部郡
播磨國明石郡
塩屋村
東垂水村
西垂水村
山田村
舞子濱

第137号　神戸・明石（1）

南
東
明石

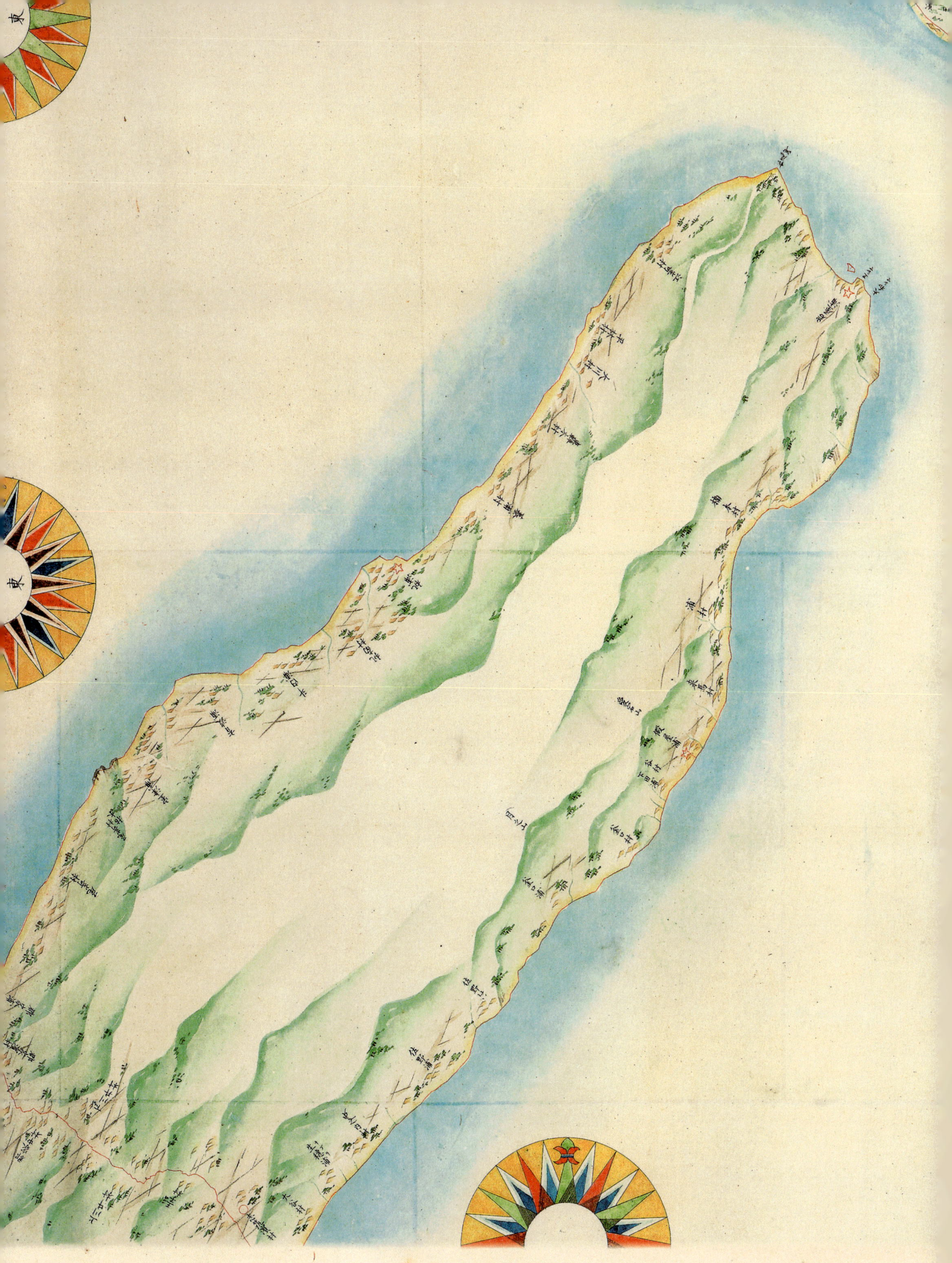

第137号　神戸・明石（3）

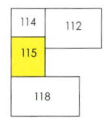

第137号　神戸・明石（4）

第138号　和歌山・洲本（1）

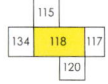

友ヶ島之内 地島
深山村
城ヶ崎
加太浦
淡島社
田倉崎
磯脇村
木脇村
西庄村
小尾村
西松江村
中松江村
東松江村
名草郡
海士郡

第138号　和歌山・洲本（2）

紀伊殿居城
和歌山
名草郡
海士郡
湊町
東松江村
中松江村
西松江村
小尾村
西庄村
木脇村
礒脇村
加太浦
深山村
和歌浦
西濱村
布引村
毛見浦
舩尾浦
日方浦
名高浦

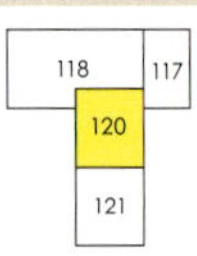
118
117
120
121

第139号　有田（1）

安藤頼輔領分
紀伊殿領分
島田村
安藤頼輔領分
西岩代村
東岩代村
目津
山内村
千里濱
氣佐藤村
南道村
北道村
芝村
埴田村
堺村
高野郡
下村

121
122
126

和田浦
吉原浦
田井浦
北塩屋浦
南塩屋浦
野島村
上野村
楠井村
津井村
三尾浦

田子浦
江田浦
田並浦
有田浦
東両村
二部村
二色村
袋
串本浦
上野浦
雲浦
大島浦
大島
須江浦
樫野浦
姫村
伊串村
西向浦
古座浦
津荷浦
下田原浦
紀伊殿領分

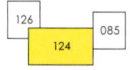

 第140号 田辺（1）

122
126
124

第140号　田辺（2）

室津
黒崎村
刈屋村
田村
相生浦
真浦
宮浦
姫路領
揖東郡
家島
宇和島
大島
家島屬
男鹿島
家島屬
西島
家島屬
坊勢島
高島
屋ヶ島

第141号　姫路（1）

加納村
福本村
津野村
西谷村
谷村
小谷村
上野村
別名村
市村
南村
山下村
神西郡
神東郡
飾西郡
飾東郡
明神山
大倉山
書寫山
圓教寺
大野村
平野村
法花山領

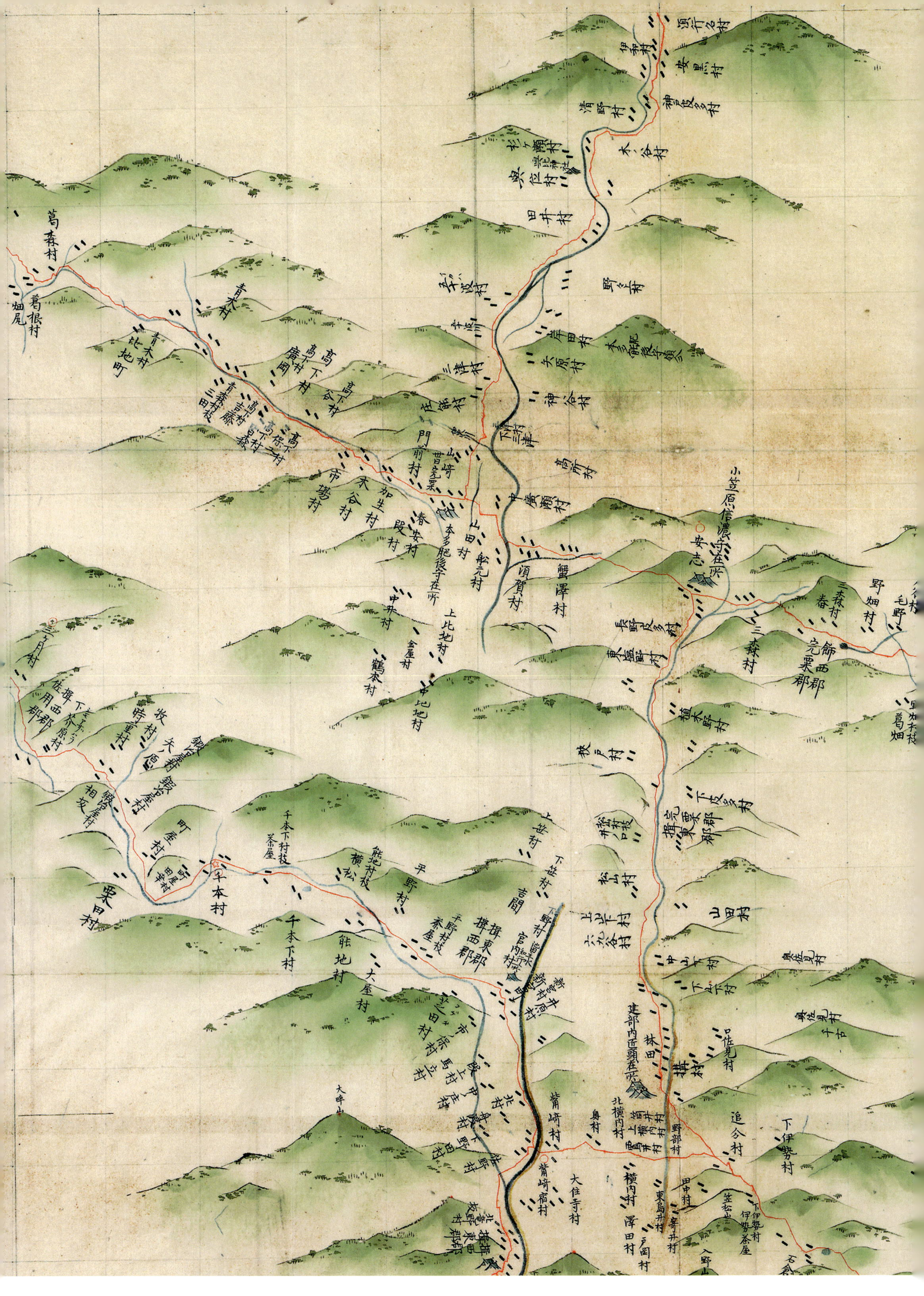
葛森村
青木村
清野村
木谷村
野々村
三津村
神谷村
門前村
市場村
加生村
山田村
須賀村
植木野村
松山村
千本村
千本下村
東田村
平野村
能地村
大屋村
追分村
下伊勢村
揖西郡
揖東郡
宍粟郡
佐用郡
飾西郡

128
142 130 110
127

伊勢村
石倉村
相野村
入野山
大住寺村
横内村
東嶋村
澤田村
戸岡村
田中村
伊勢茶屋
門前村
那波野村
池之内村
赤穂郡
揖西郡
入野村
入鹿淵
陸村
佐方浦
相生浦
野瀬村
坂越浦
鰯浦
室津
大浦
伊津村
馬場村
山津屋村
正条村
今市村
揖東郡
片島原村
稲富村
加家村
片村
山田村
釜屋村
黒崎村
下村
苅屋村
興濱村
餘子濱村
新在家村
平松村
大江島村
吉美村
長松村
天満村
小坂村
則直村
廣畑村
鵤村
太子寺
東保村
中太田村
山本村
東南村
常禅村
出屋敷村
宇和島

第141号　姫路（3）

134 118
156 132
160

第142号　徳島（1）

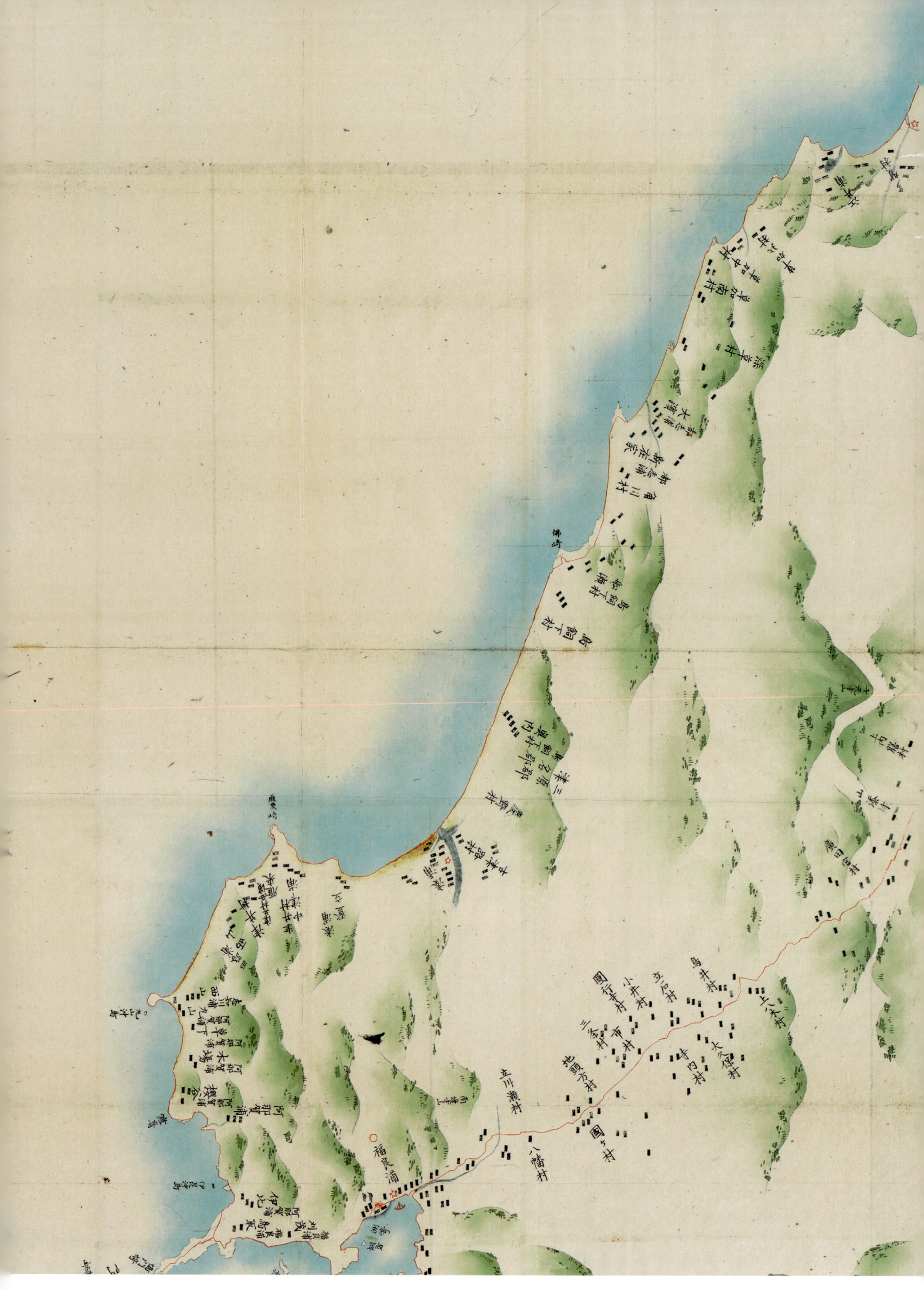
福良浦
八幡村

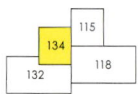

國安村
八坂村
圓通寺村
稲常村
長谷村
布袋村
長瀬村
河原村
今在家村
徳吉村
山手村
釜口村
美成村
別府村
用瀬村

170 136 135 137

第143号　鳥取（2）

長瀬村
川原村
一木村
今在家村
徳吉村
山手村
福和田村
天神原村
高津原村
釜口村
散岐村
美成村
上鷹狩村
用瀬村
別府村
古用瀬村
家奥村
金屋村
安蔵村
宮原村
岩神村
坂原村
中村
井上村
長瀬村
大坪村
竹内村
奥早野村
口早野村

湯屋村
岩神村
坂原村
中村
山根村
井上村
川戸村
木原村
長瀬村
山田村
大坪村
竹内村
奥早野村
因幡國智頭郡
美作國勝北郡
瀧山
諸山
馬桑村
關本村
小坂村
高圓村
成松村
行方村
久常村
廣岡村
北野村
上町川村
廣戸村市場分
日本野
新野東村
丸山
新野西村
新野西村下分
勝加茂西村
勝加茂東村坂上分
勝加茂東村
新野東村
楢村
加茂川
野村
本郷村東分
高倉村
神場山
中山

一宮 中山神社
東一宮村 里方
東一宮村
勝部村
神楽尾山

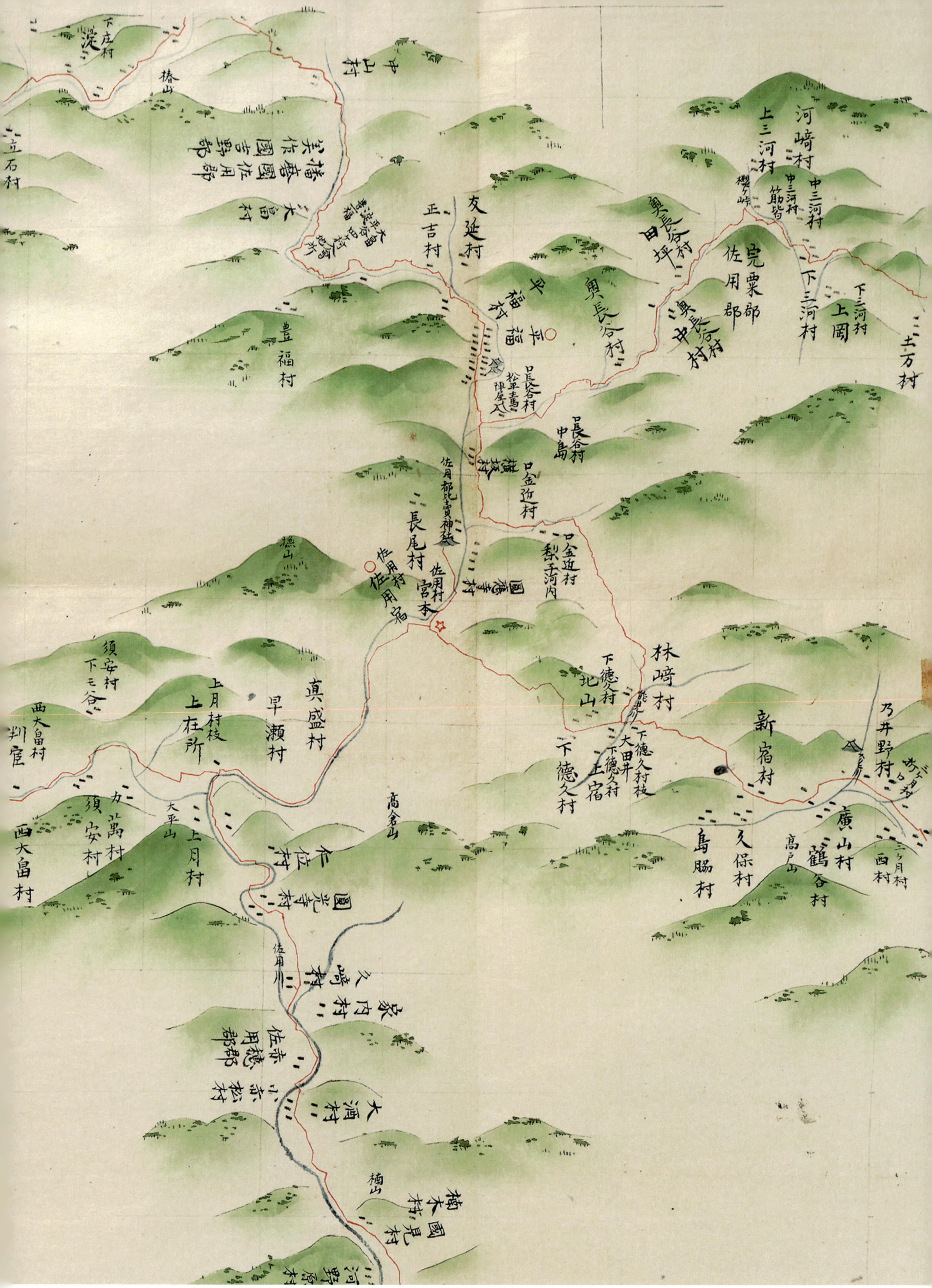

065
144 140 128
142

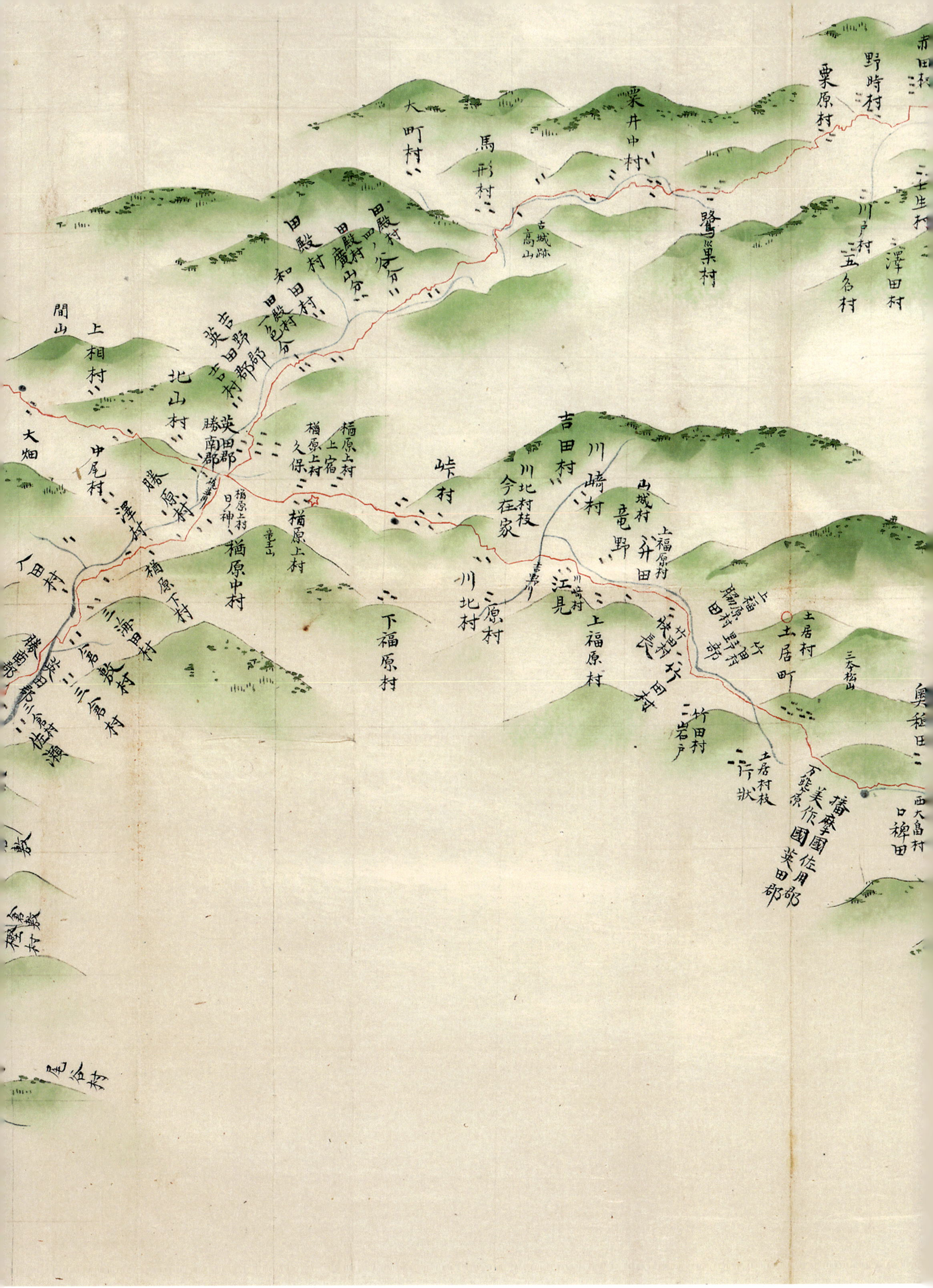

赤田村
野時村
栗原村
栗井中村
大町村
馬形村
古城跡
高山
鷺巣村
川戸村
五名村
澤田村
間山
上相村
北山村
大畑
中尾村
勝原村
吉田村
川崎村
峠村
川北村枝
今在家
竜野
江見
上福原村
下福原村
稲原中村
稲原下村
稲原上村
土居村
土居町
竹田村
岩戸
奥稗田
西大島村
口稗田
播磨國佐用郡
美作國英田郡
尾谷村

第144号　津山（1）

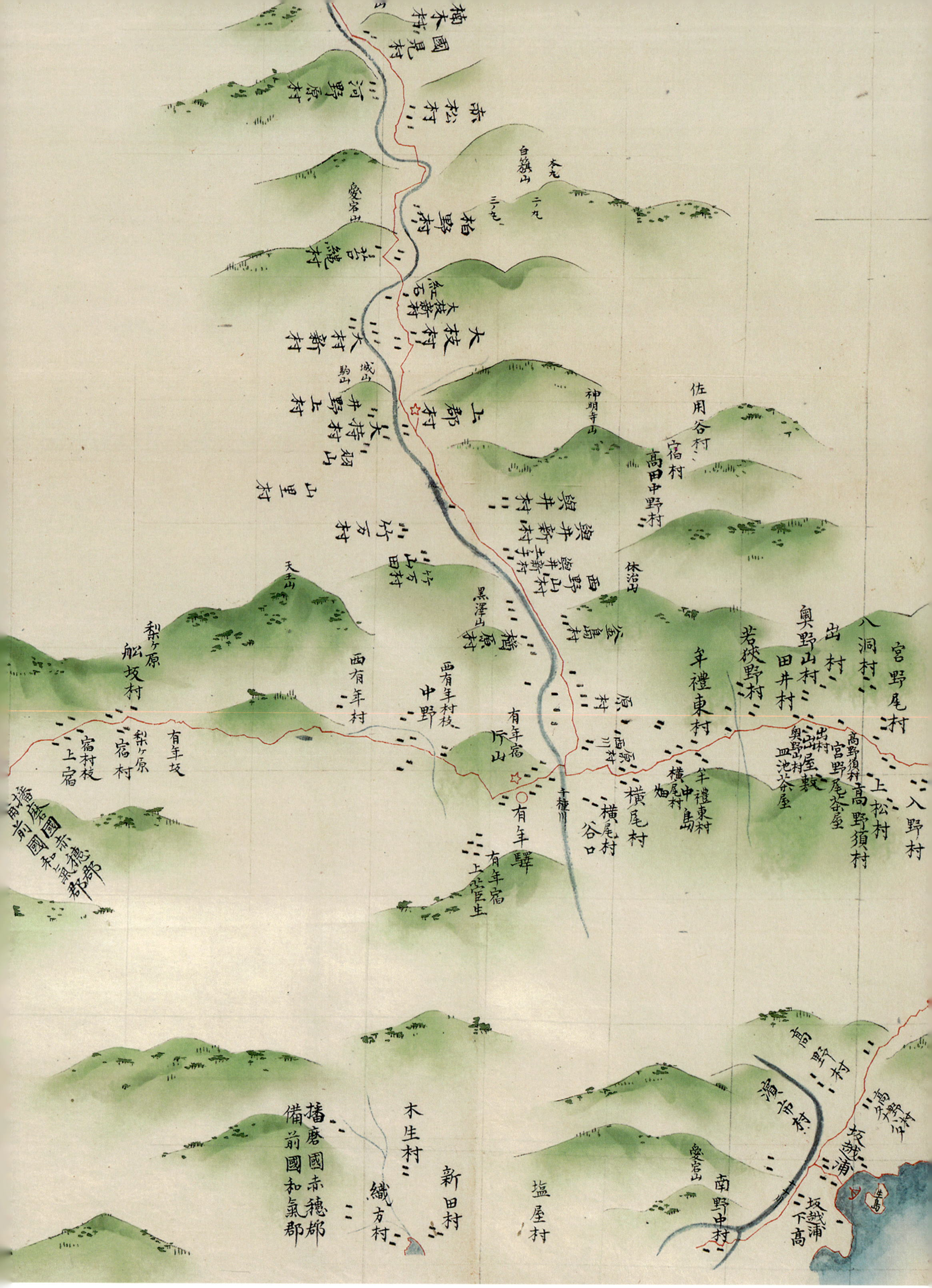

140
146 142 130
148

三石村
三軒茶
三石村
船坂
三石村
三石村
關川
八木山村
閑谷新田村
廣高下
木谷村
伊里中村
伊里中村
四軒屋
東片上村
一本松
森村
稲坪村
入田村
曽根村
南曽根
和氣郡
曽根村
和氣村
和氣町
益原村
門前

松平越後守居城
津山
宮川
沼村
林田村
野介代村
本郷村
西分
押入村
河邉村
迎長村
河面村
新田村
新宮山
池ヶ原村
義經
福力村
勝南郡
野介代村 太田分
河邉村 尾鼻
西吉田村
日上村
國分寺村
横山村
六郷村
金屋村
中原村
池ヶ原村
金井村
末村
黒坂村
黒坂村
押田
平村
勝間田村
勝間田宿
岡村
間山
上相村
大畑
中尾村
畑屋村
為本村
東吉田村
小矢田村
押渕村
人田村
湯郷村
稲穂村
佐田村
平田村
飯岡村
高下村
奥村
王子村
福本村
尾谷村
吉ヶ原村
藤原村
河原屋
是里村
周西村
連石村
下右村
小瀬村
久木村
野上村
栗子村
大戸下村
備前國赤坂郡
美作國勝南郡

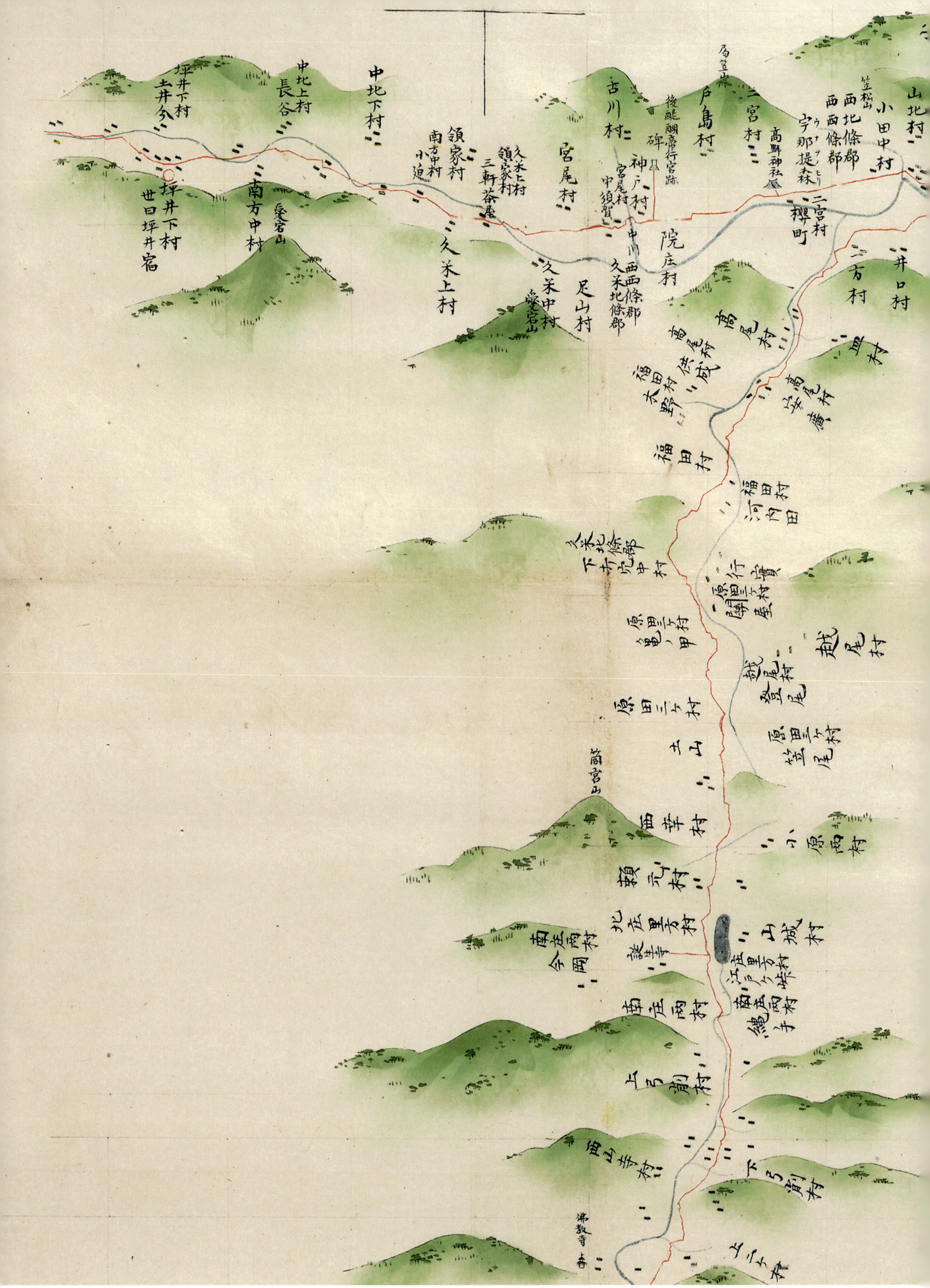
坪井下村
中北上村
長谷
中北下村
領家村
南方中村
小迫
三軒茶屋
宮尾村
古川村
戸島村
後醍醐帝行宮跡
碑
神戸村
中須賀
高野神社
宇那提森
西北條郡
西西條郡
小田中村
山北村
二宮村
南方中村
愛宕山
久米上村
久米中村
足山村
院庄村
久米北條郡
高尾村
福田村
大野
河内
井口村
原田三ヶ村
越尾村
土山
北庄里方村
誕生寺
南庄両村
今岡
山城村
上弓削村
西山寺村
下弓削村
佛教寺

144
176 146 142
152

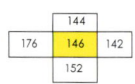

上神目村
下神目村
神目中村
宮地村
上二ヶ村
下二ヶ村
美作國久米南條郡
備前國津高郡
福渡村
建部上村
富沢村
市場村
吉田村
西原村
宇根山
中島新田
高尾山
下田村
金川村
菅村
矢原村
米山
大國
川高村
國ヶ原村
山口村
斗有村
大鹿村
上仁保村
中山村
中牧村

第144号　津山（4）

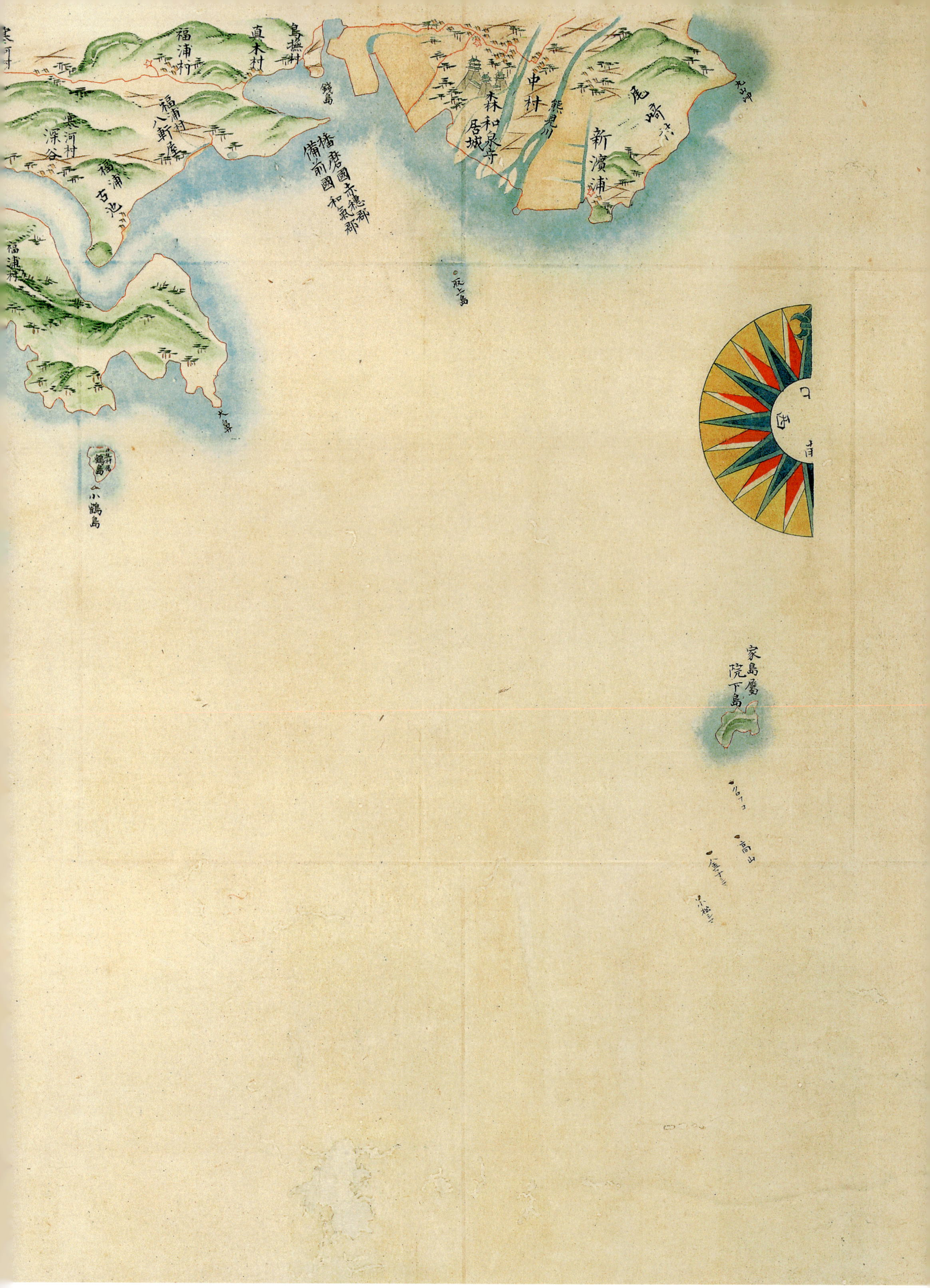
福浦村
直木村
播磨國赤穂郡
備前國和氣郡
森和泉守居城
中村
尾崎
新濱浦
福浦
古池
深谷
小鶴島
高山

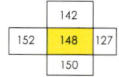

第145号　岡山（1）

148
154 150
156

第145号　岡山（2）

146
178 152 148
154

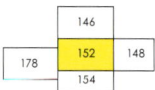

岡山
旭川
下牧村
福田村
福島村
福成村
當新田村
米倉村
延友村
妹尾村
大供村
中仙道村
今村
北長瀬村
西長瀬村
久米村
平野村
中田村
門田村
網濱村
倉田村
福吉村
益野村
中川村
大多羅村
海面村
福泊村
山崎村
高屋村
関村
宿村
藤原村
今在家村
横井上村
中原村
野田村
上出石村
西崎村
北方村
万成村
山崎村
今岡村
佐山村
宮内村
備前國津高郡
高島

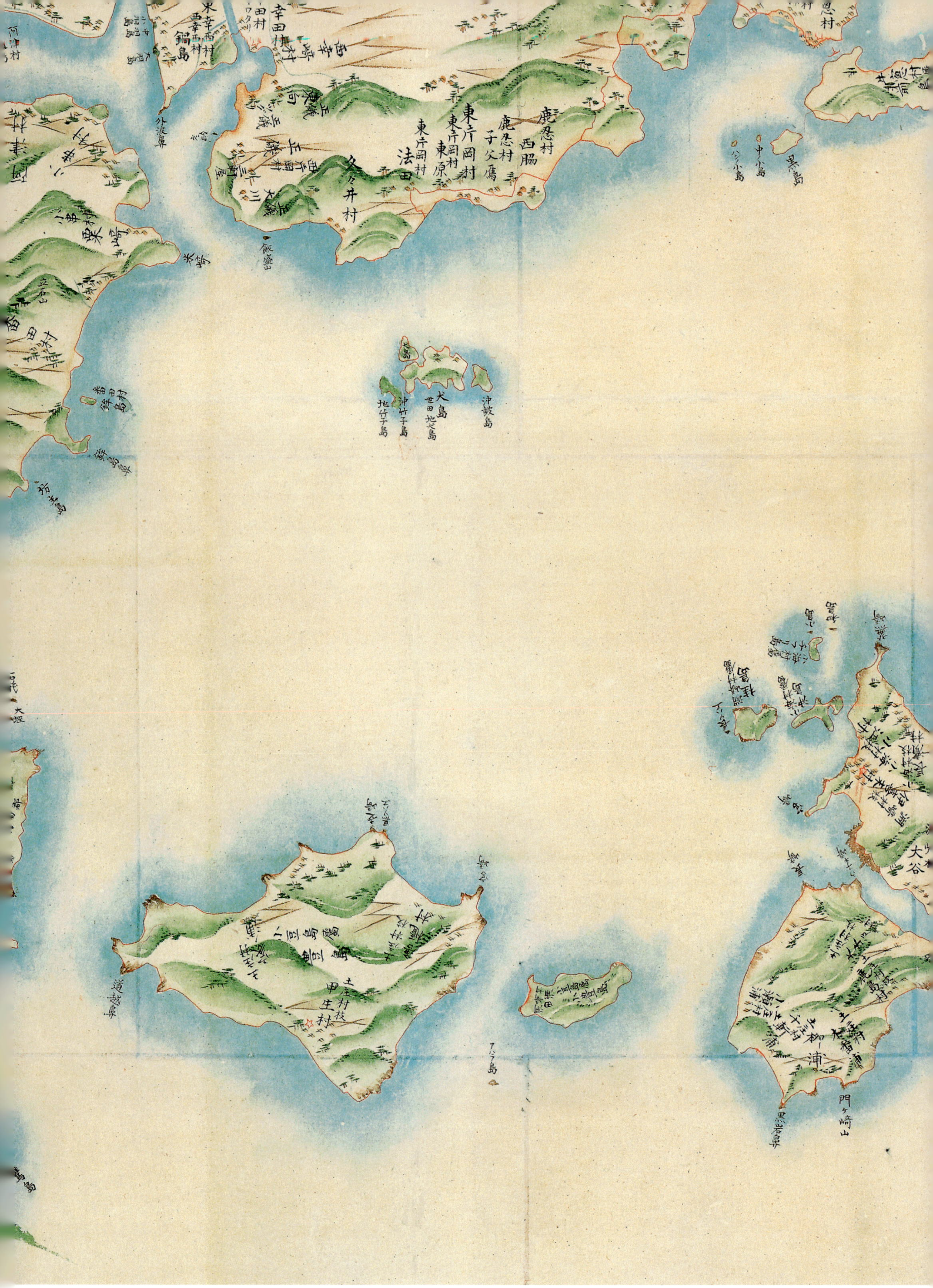

178 152
180 154 150
158

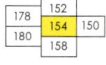

第145号　岡山（4）

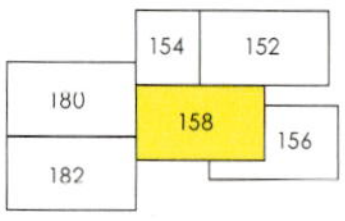
154
152
180
158
156
182

第146号　高松（2）

中林村
答島村
椿泊浦
椿村
上地
椿村
寺内
椿村
横尾
椿村
浦
那賀郡
海部郡
伊座利浦

第147号　小松島（1）

那賀郡
海部郡
伊座利浦
阿部浦
椿泊浦

第147号　小松島（2）

甲浦
内妻村
浅川村
浅川浦
大里村
那佐湊

那佐浦
那佐湊
鈴ヶ峯
宍喰浦
阿波國
土佐國
甲浦
白濱浦
河内村
竹ヶ島
三子島
生見村
野根浦枝
相間村
野根浦
佐喜濱浦枝
入木村

佐喜浜浦枝
入木村
佐喜浜浦
佐喜浜浦枝
尾崎村
津呂浦枝
椎名村
津呂浦枝
三津浦
室津浦
室津浦
津寺
津呂浦
鹿谷山
猴洞崖
津呂浦
高岡村
高岡
浮津
本
東寺
室戸崎

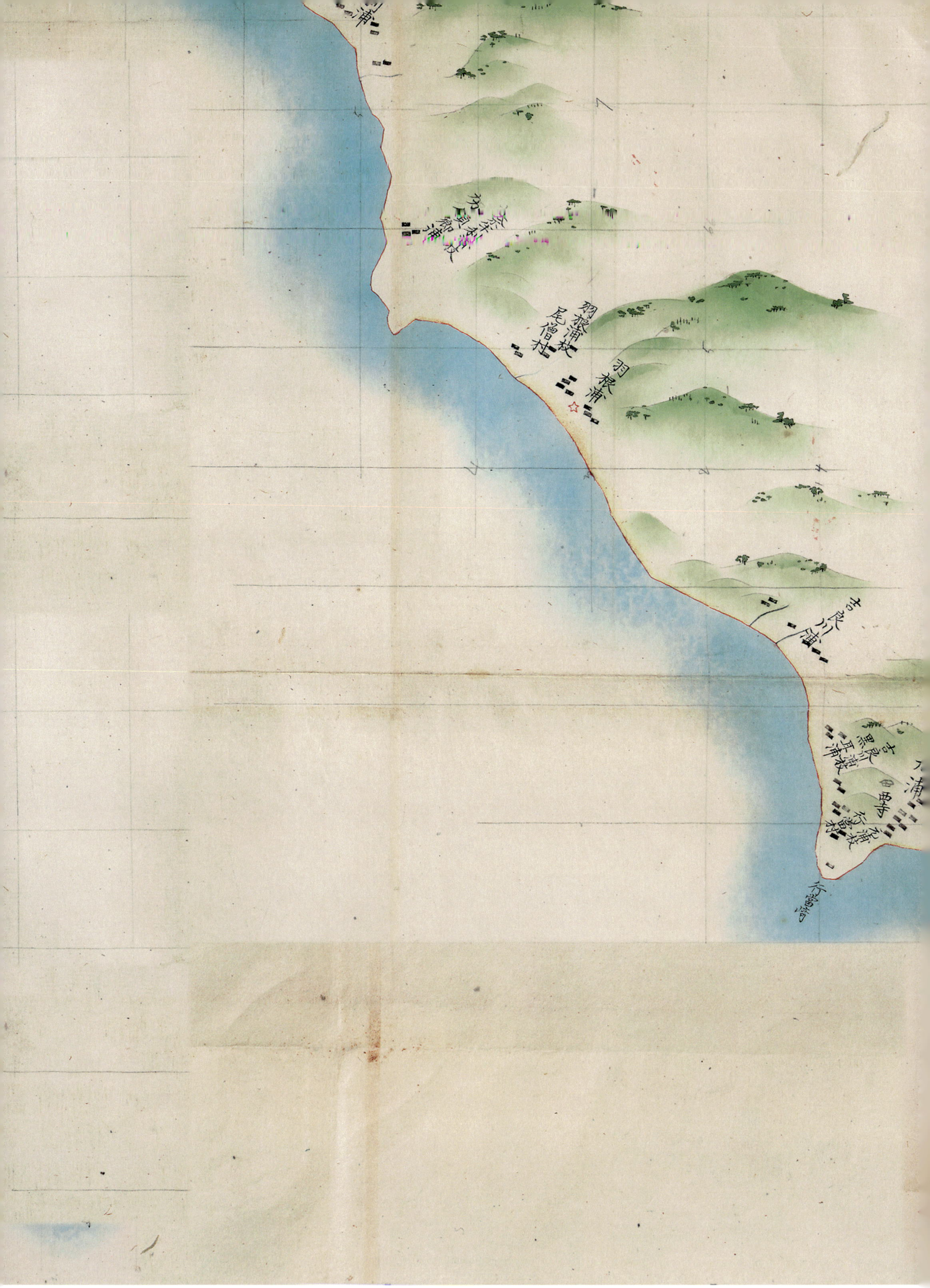

羽根浦枝
尾僧村
羽根浦
吉良川浦
吉良川浦枝
黒耳浦
行當村
行當岬

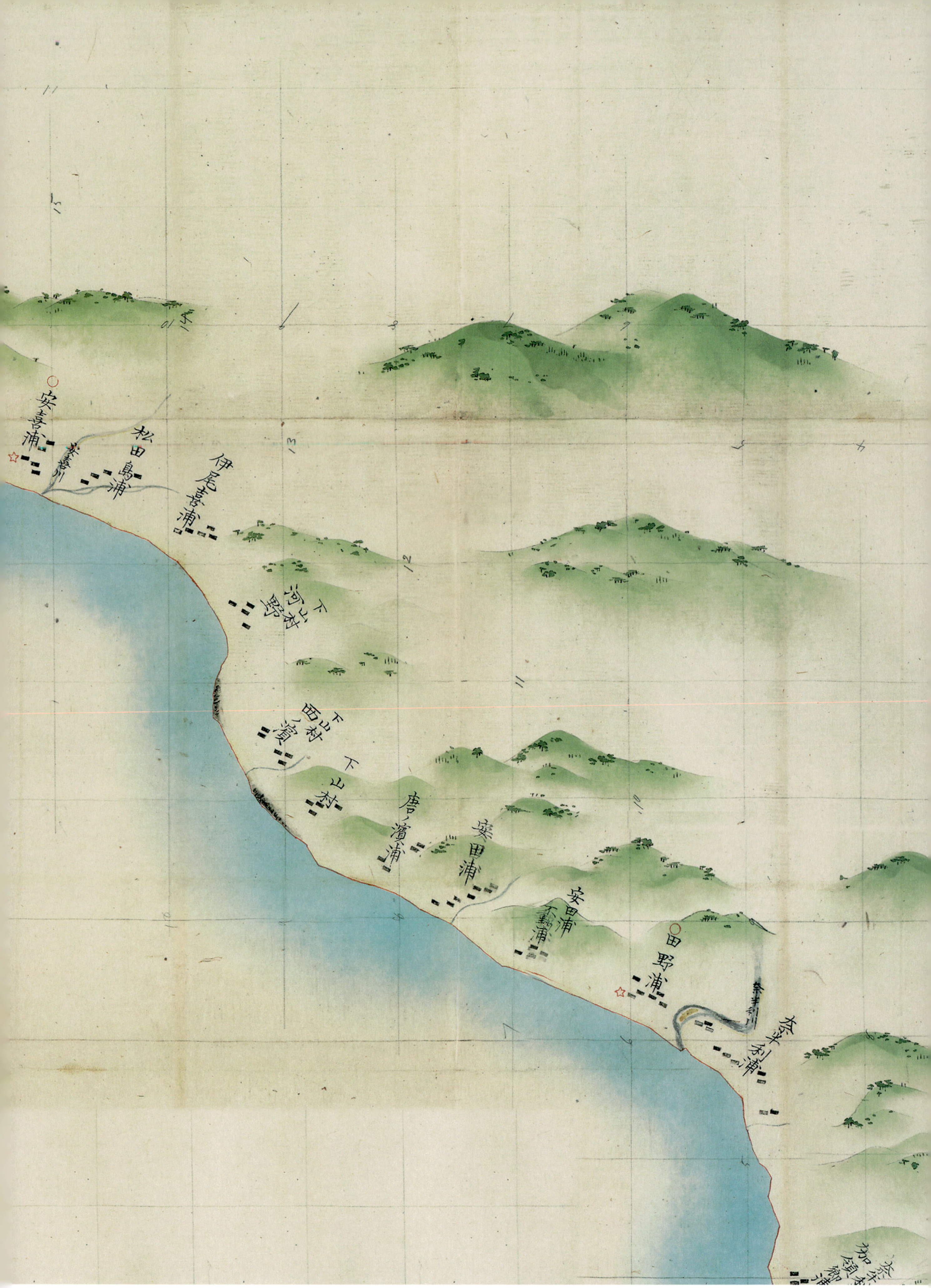
安喜浦
安喜川
松田島浦
伊尾喜浦
下山村河野
下山村西ノ濱
下山村
唐ノ濱浦
安田浦
安田浦
不動浦
田野浦
奈半利川
奈半利浦

夜須村
手結浦
安喜郡
香我美郡
和食浦

伯耆國大庭郡
美作國久米郡
山口村
田中村

 第150号 倉吉・新見（1）

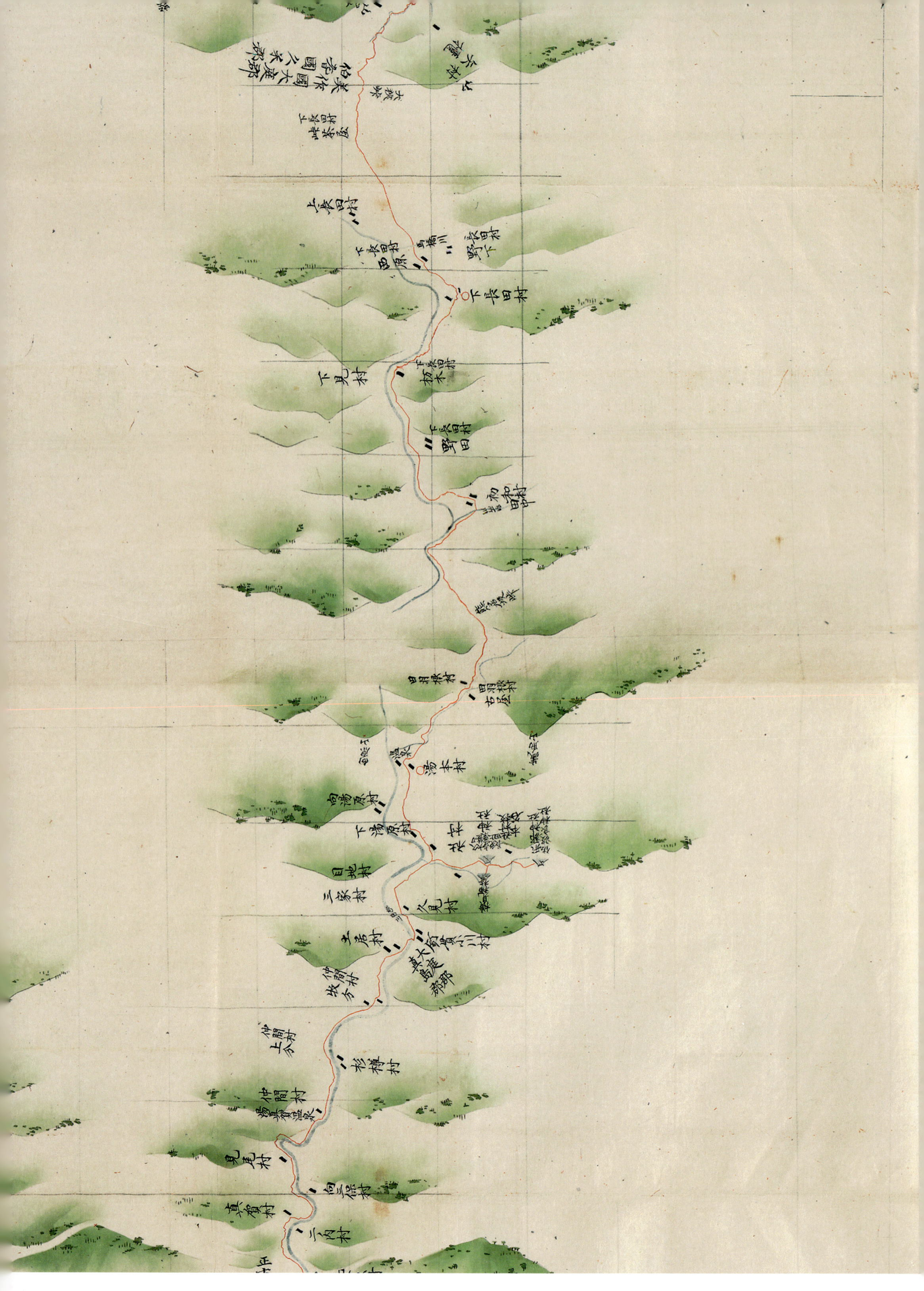

170 136
192 172
174

第150号　倉吉・新見（2）

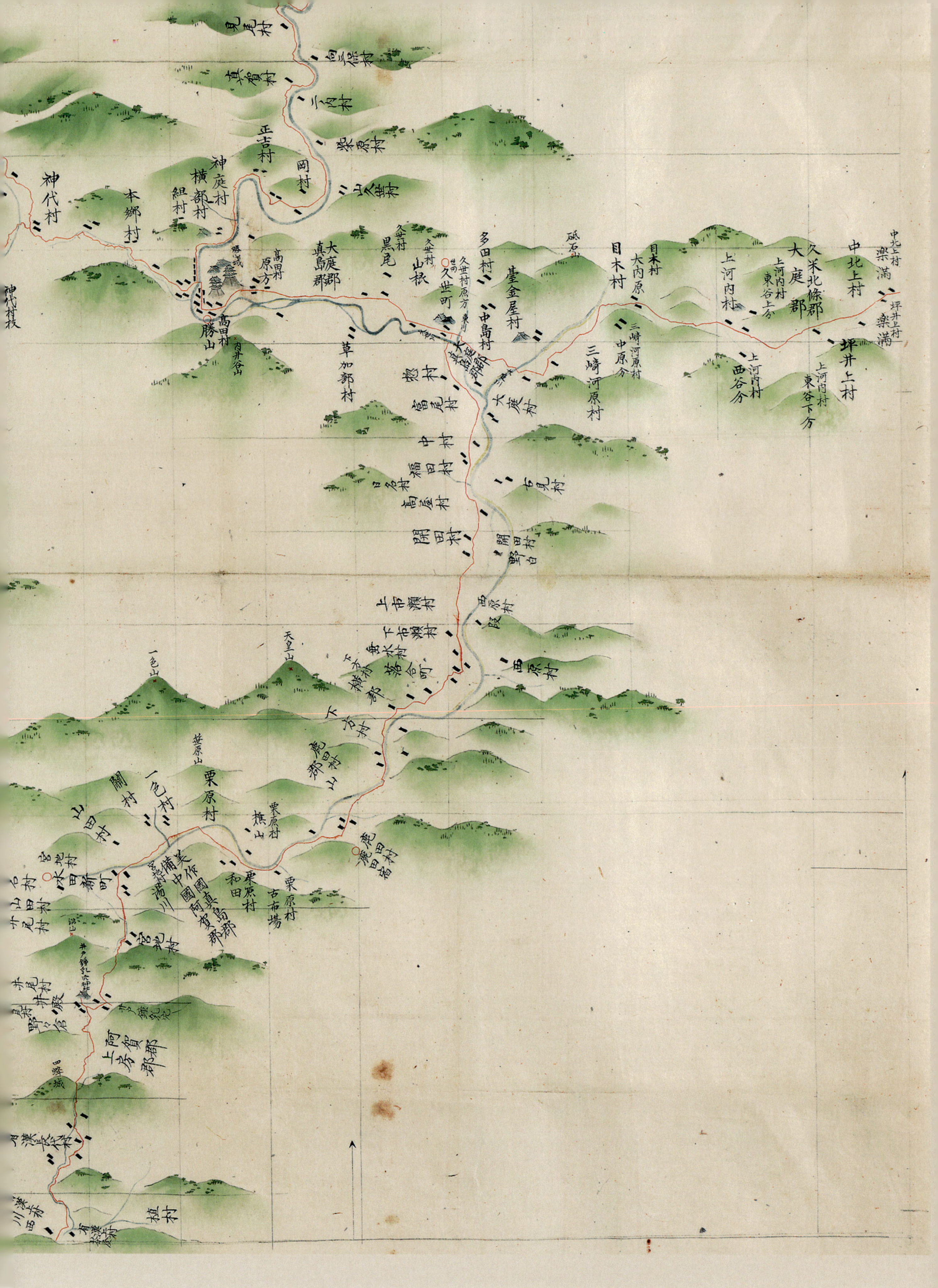

172 194 174 144 176

美作國真島郡
備中國阿賀郡
野村
下岩村
若代村
上布瀬
布瀬村
上村
上熊谷村
下熊谷村
新見村
高尾山
陣屋山
黒髪山
關但馬守在所
新見町
新見村
阿賀郡
哲多郡
大田山
金谷村
下唐松村
廣瀬
石蟹村
石蟹山
長屋村
足見村
井倉村
草間村
寺床山
西山
赤岳
佐井田山
阿賀郡
上房郡

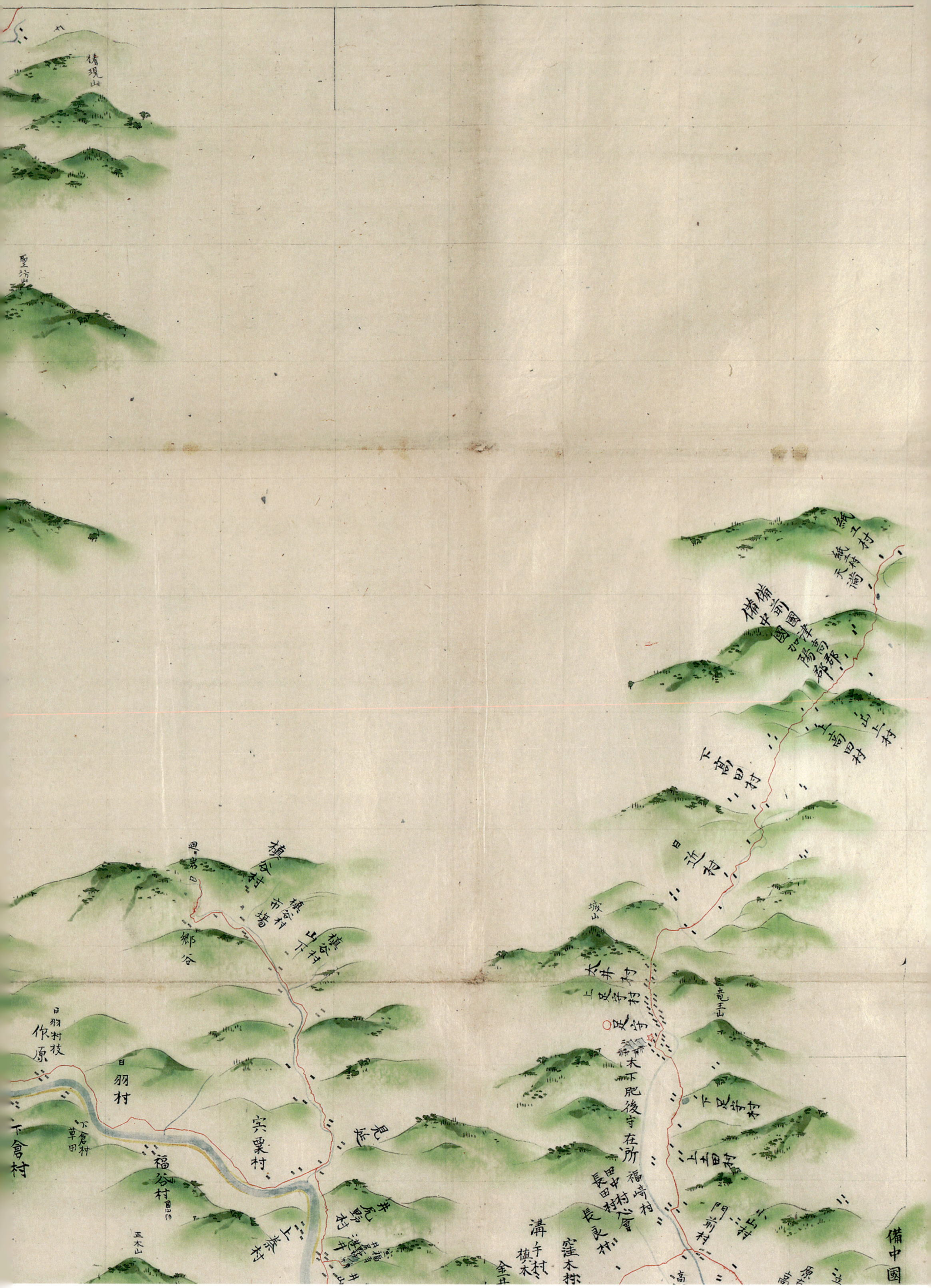

194	174	146
196	176	152
	178	

法曽村
上房郡
飯部村
川面村
田井村
成羽村
福地村
福地村
鍋坂
阿部村
藤倉
阿部村
上房郡
川上郡
佐々木村
下原村
下原町
星原
山崎主税助在所
下日名村
領家村
大竹村
地頭村
上房郡
加陽郡
松山東村
今津村

 第151号 倉敷（1）

備中國加陽郡
宮内村
庭瀬
下撫川村
山路村
矢部村
粟坂村
東粟坂村
箕島村
清水村
市場
門田村
八田部村
西郡村
窪屋郡
下道郡
川邊村
松山川
尾崎村
都宇郡
倉敷村
天城村
藤戸村
浦田村
福田村
亀島新田
亀島岬
玉島村
乙島村
上成

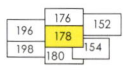

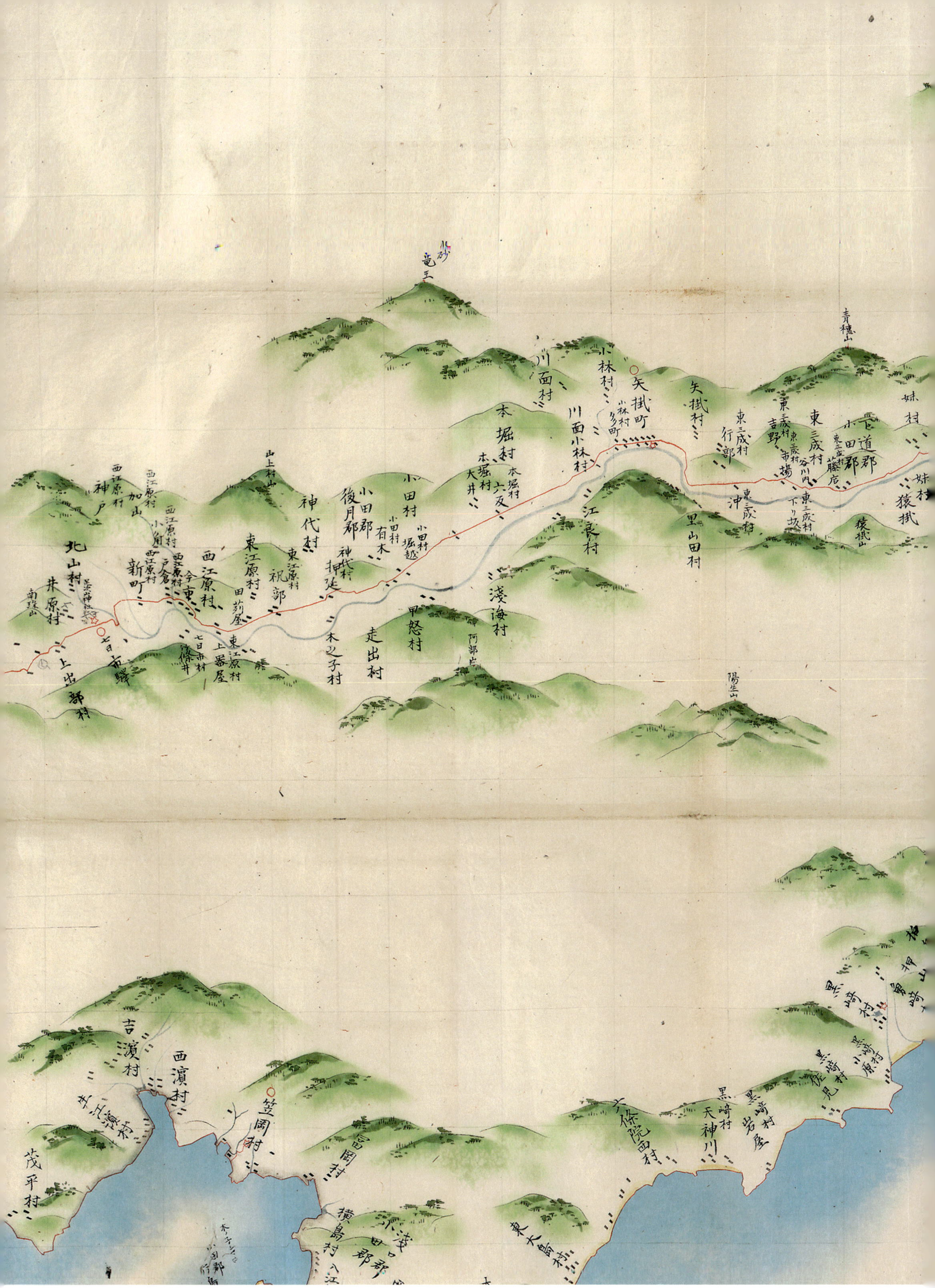

矢掛町
矢掛村
川面村
小林村
本堀村
小田村
後月郡
小田郡
神代村
東江原村
西江原村
新町
北山村
井原村
七日市驛
上出部村
走出村
甲怒村
浅海村
江良村
里山田村
東三成村
下道郡
吉濱村
西濱村
笠岡村
茂平村
横島村

 第151号 倉敷（2）

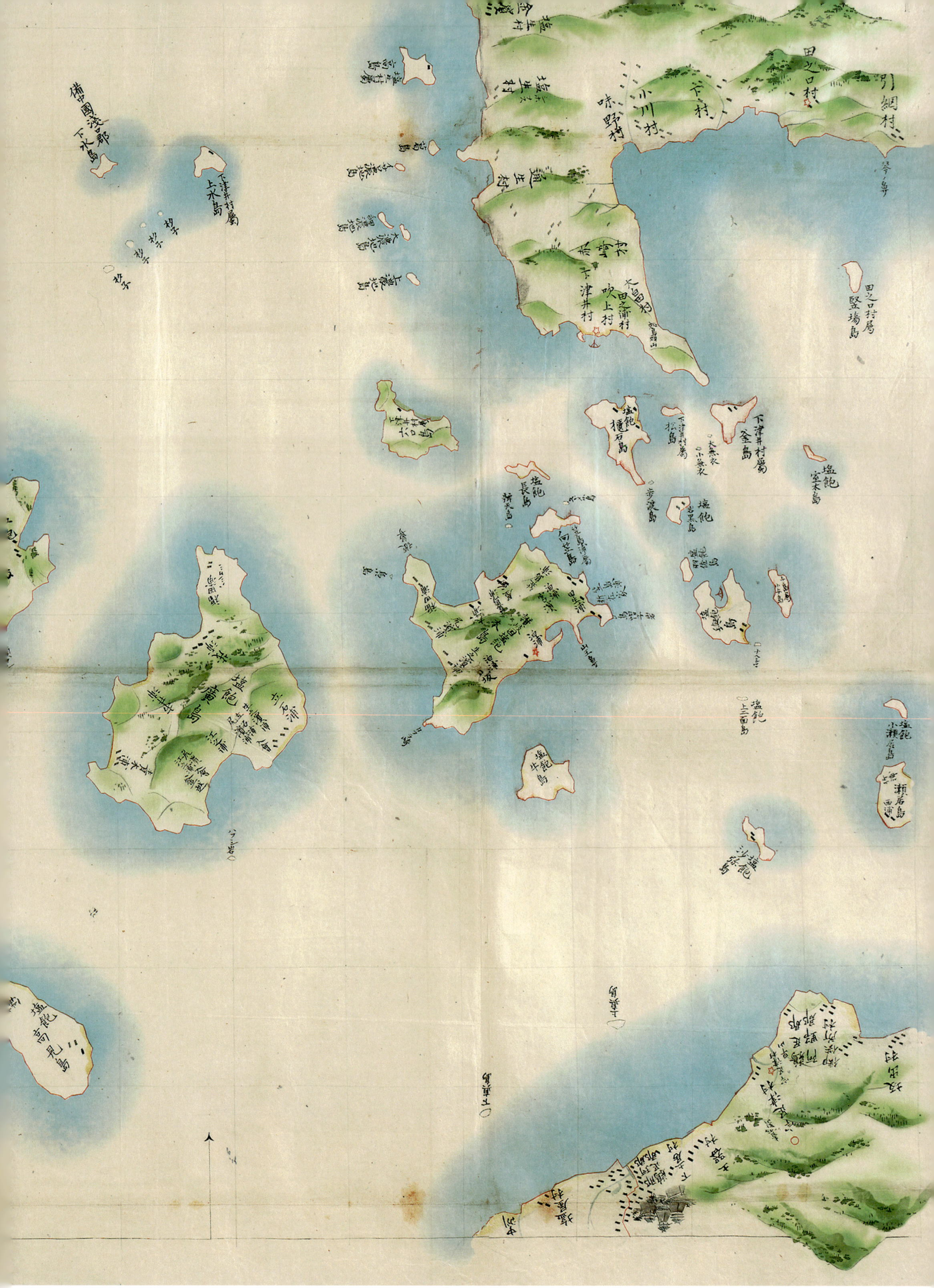

178
200 180 154
182 158

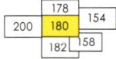

浅口郡
大島中村
西大島村
西大島新田
寄島
東大島村属
小田郡
白石島
北木島
真鍋島
沼隈郡
横島
神島属
小飛島
大飛島
小手島
佐柳島
沼隈郡
宇治島
六島

第151号　倉敷（3）

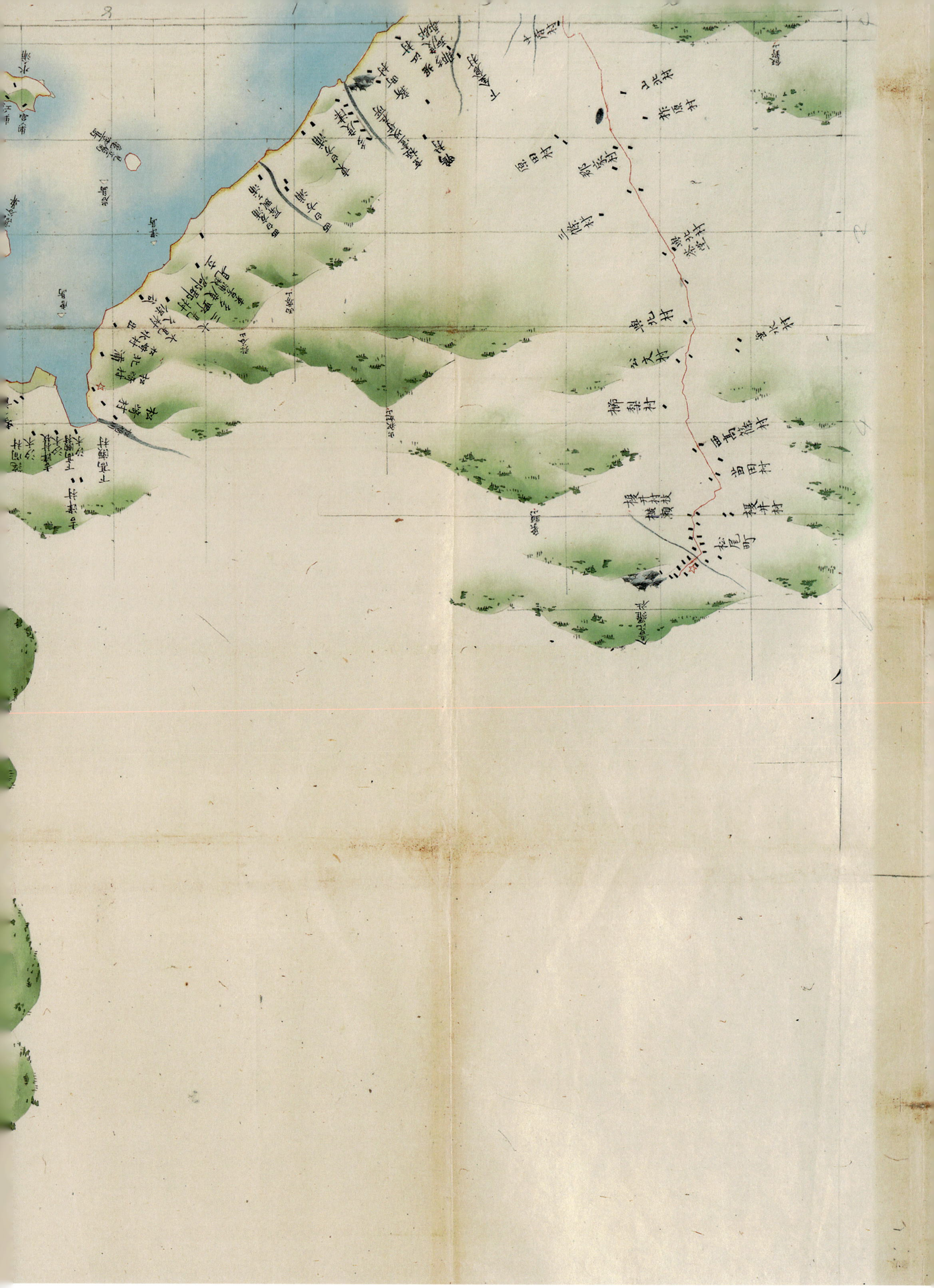

180 158
202 182
184

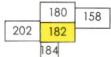

第152号　観音寺（1）

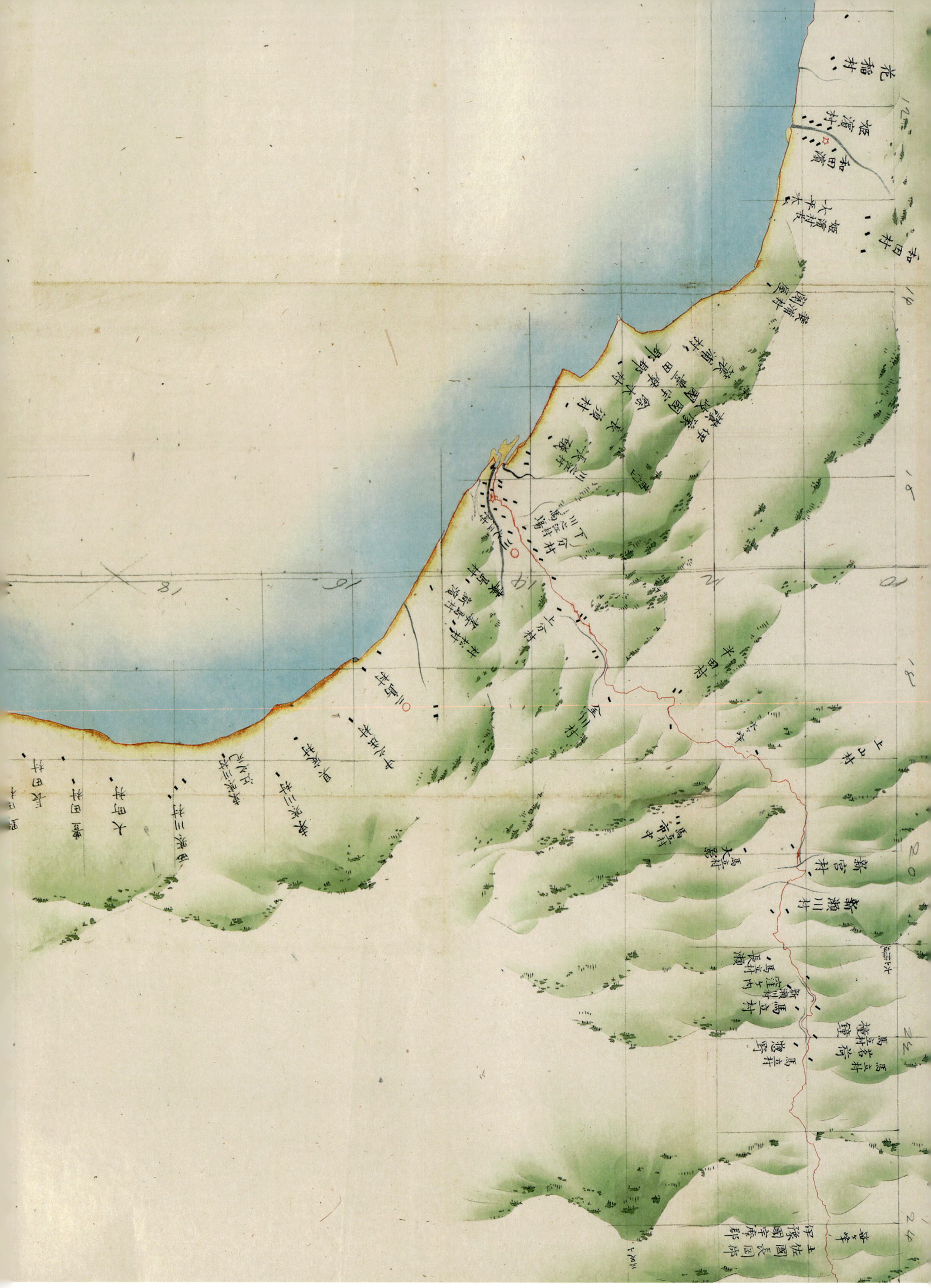

182
204 184
185

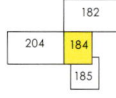

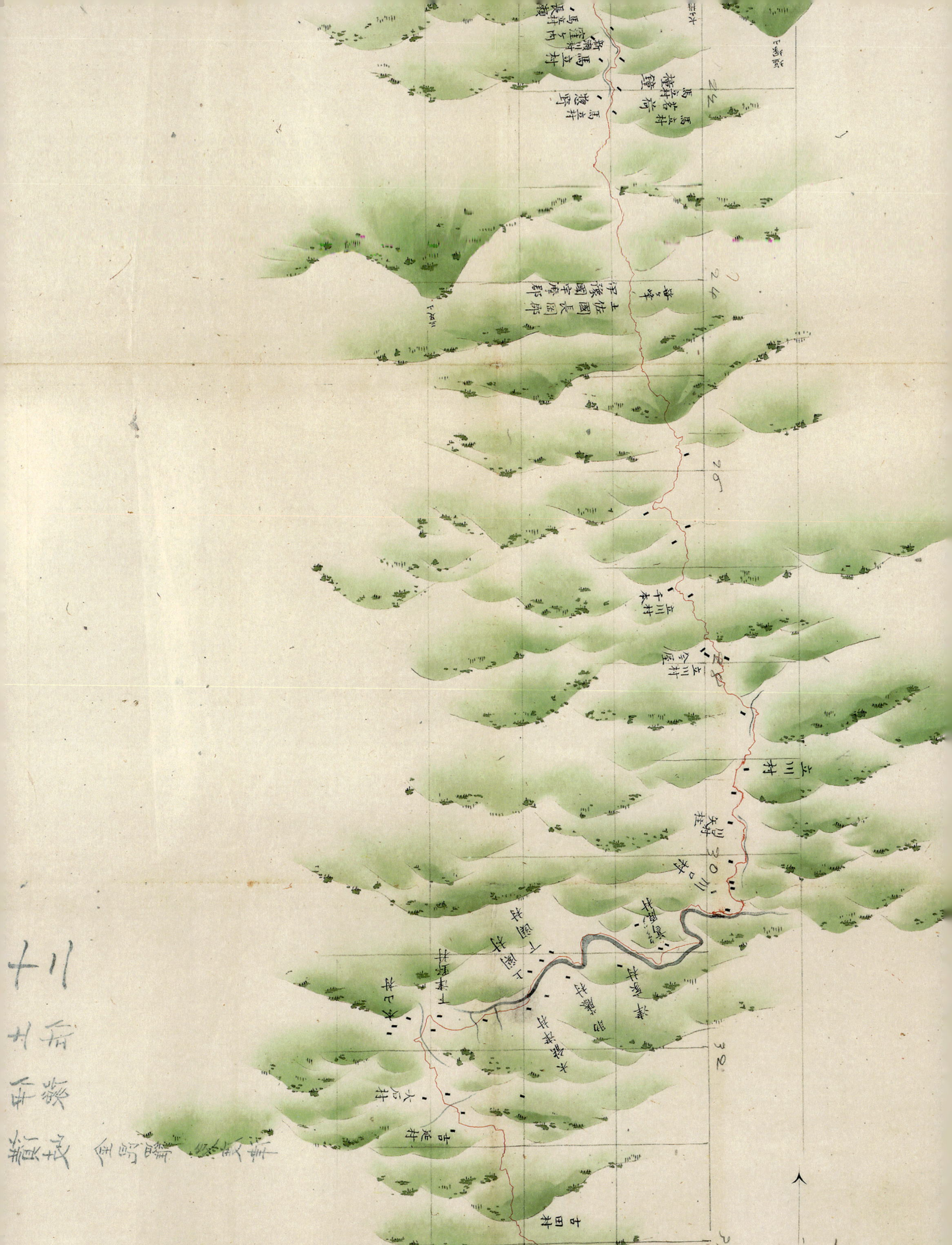

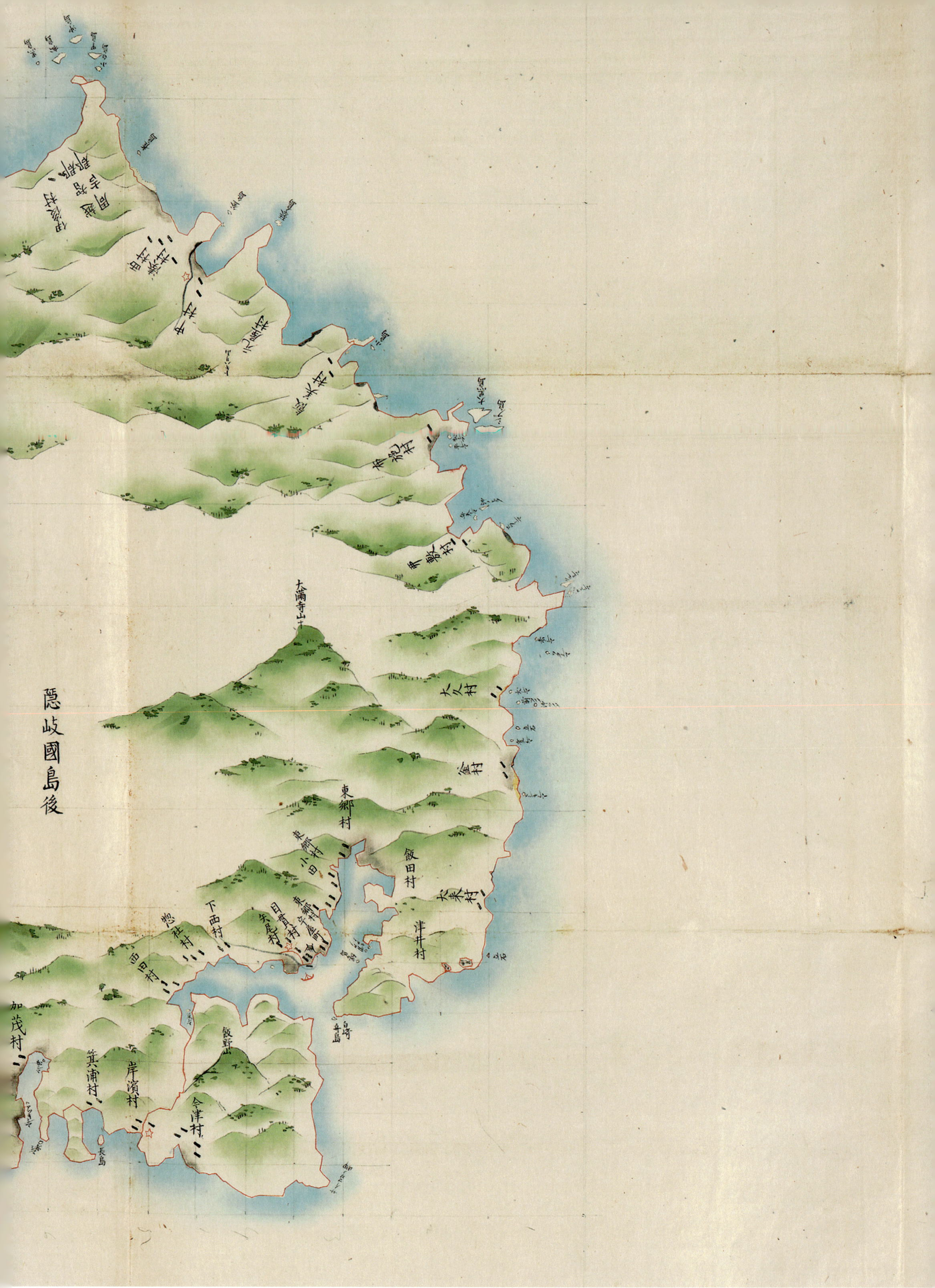
隠岐國島後
大満寺山
布施村
大久村
釜村
東郷村
飯田村
犬来村
津井村
下西村
西田村
加茂村
箕浦村
岸濱村
飯野山
今津村
長島

南方村
蔵田
沖村
那久村
那久崎
音部島
津戸村属
大森島
松島

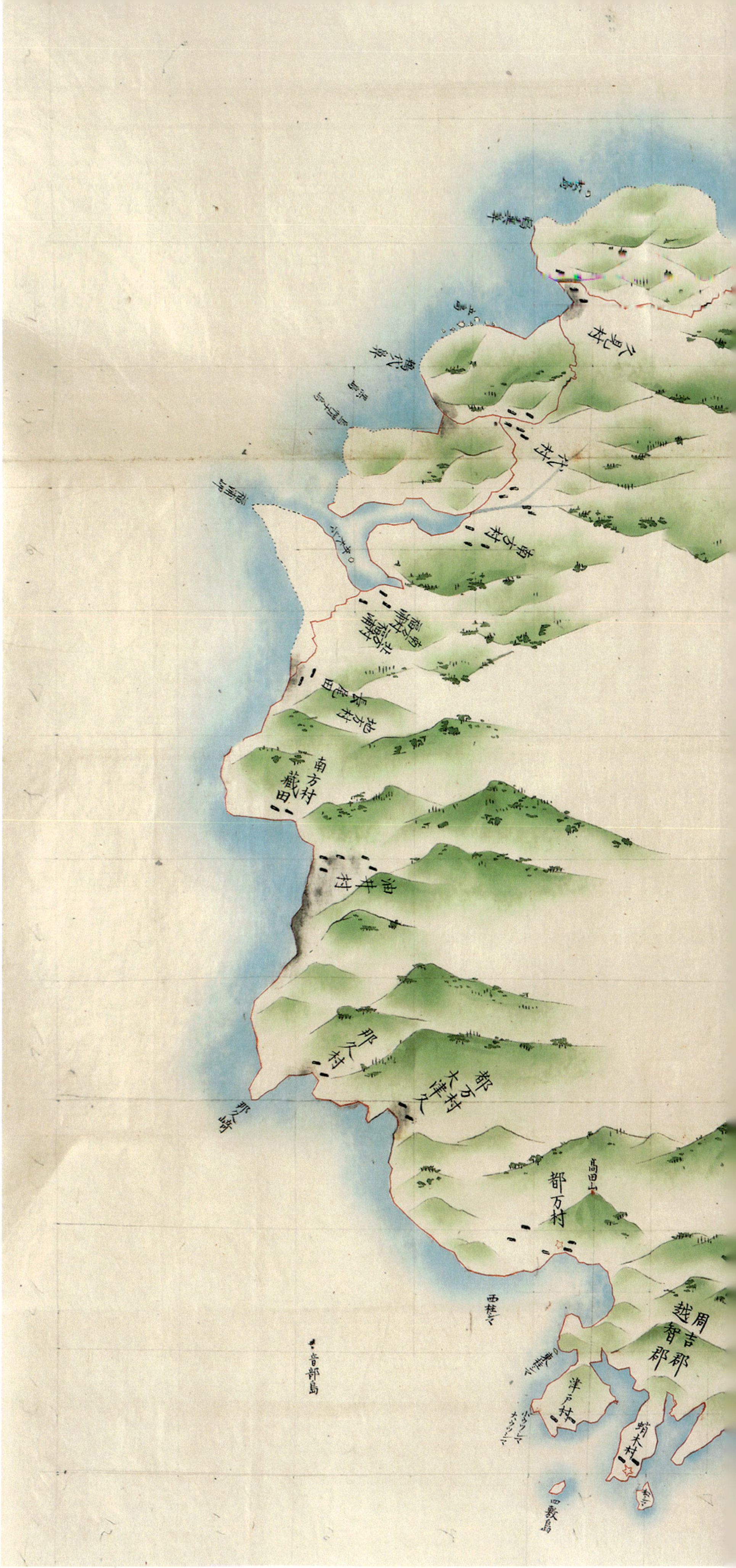
南方村
蔵田
沖村
那久村
那久崎
都万村
大津久
高田山
周吉郡
越智郡
津戸村
蛸木村
音部島

第153号　隠岐島後

隠岐國海士郡中島
島前
知々井村
太井村

第154号　隠岐島前

三保関
福浦

手角村
下宇部尾村
森山村
長海村
野原村
邑生村
本庄村
新庄村
上宇部尾村
大海崎村
大井村
福富村
朝酌村
西尾村
西川津村
松江
末次
国屋村
大根島

第155号　松江・米子（1）

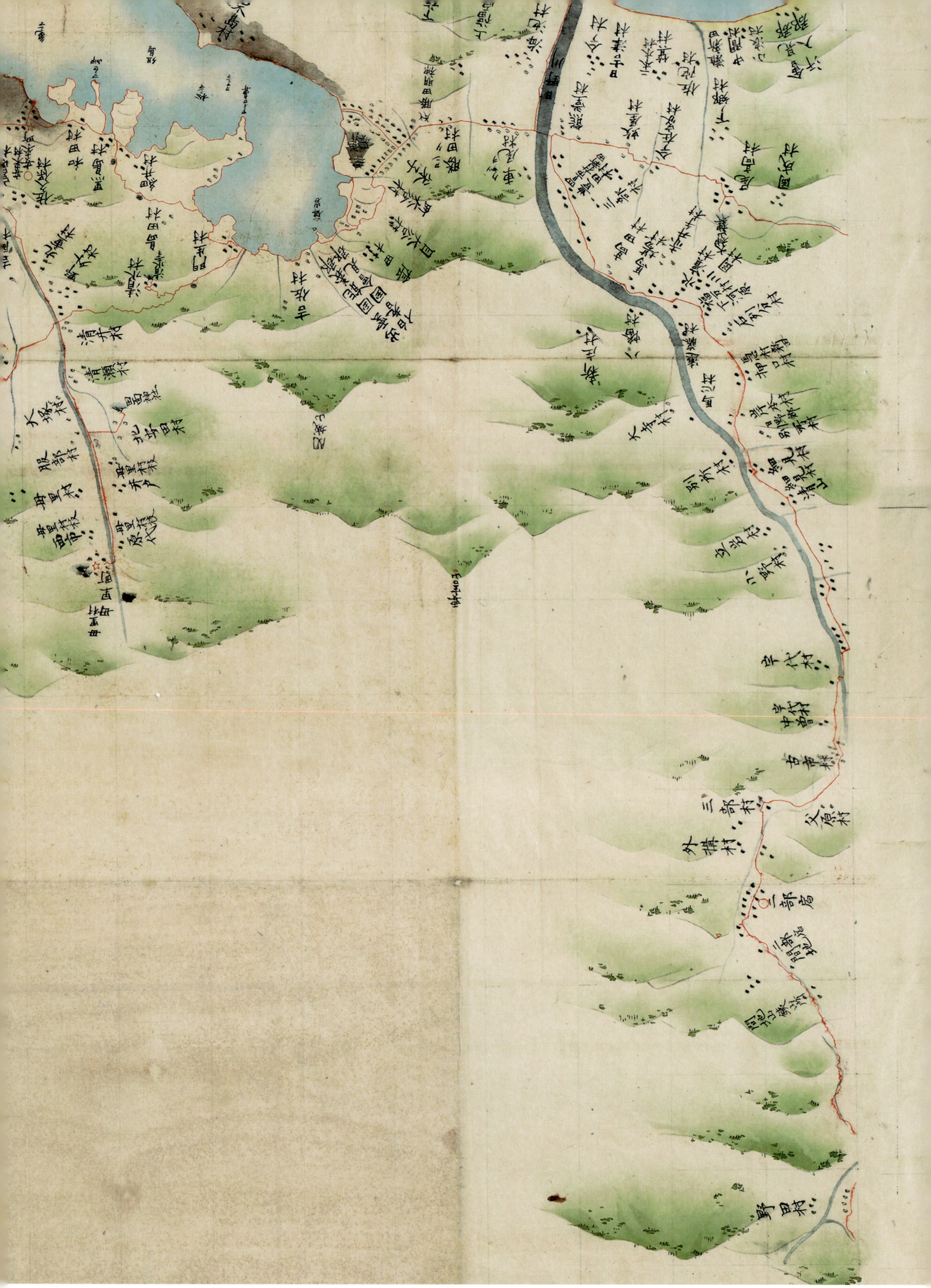

218 190 170
220 192 172

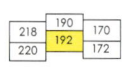

第155号　松江・米子（2）

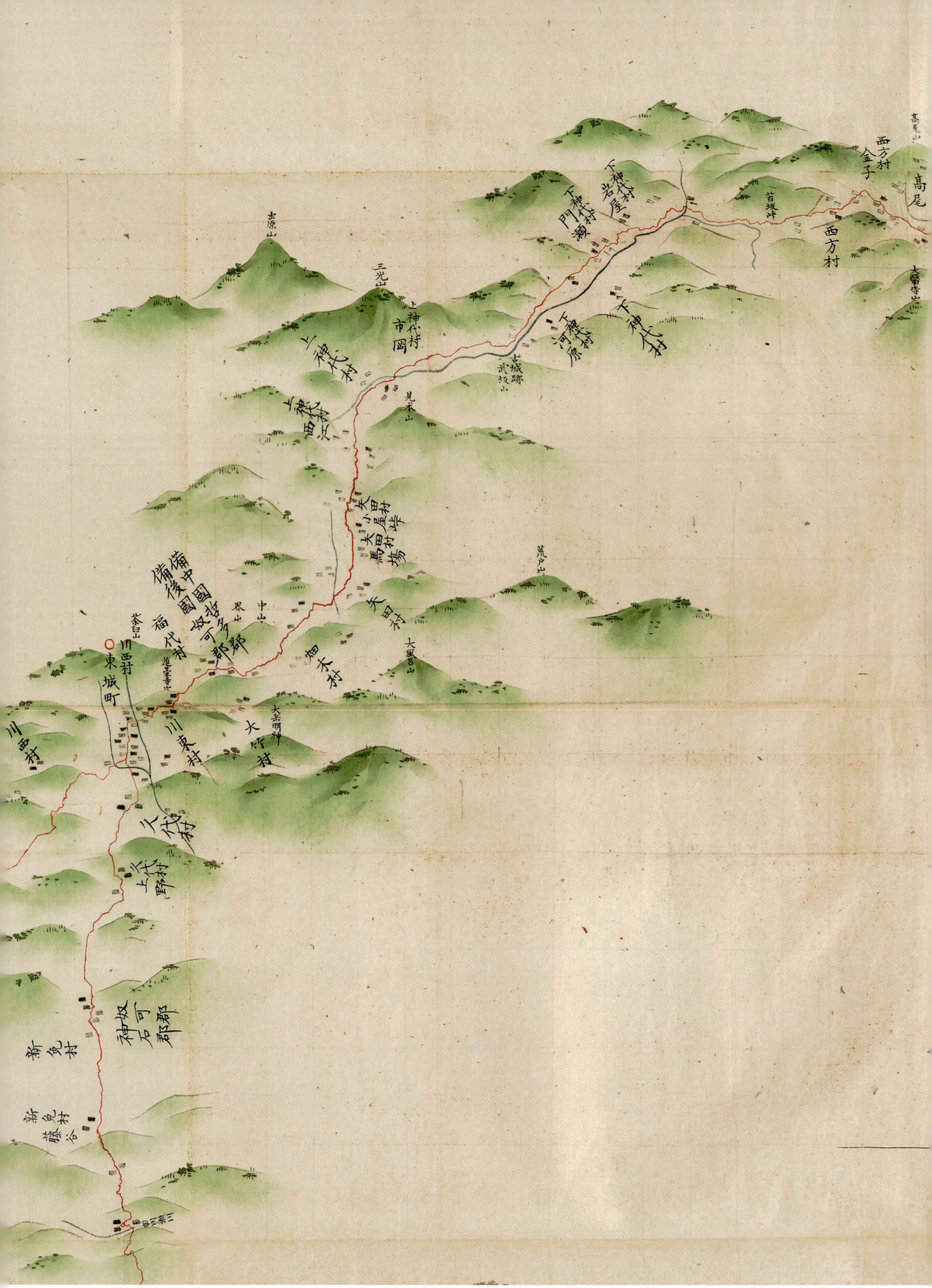
高尾山
西方村 金子
高尾
下神代村 岩屋
下神代村 門瀬
西方村
三光山
上神代村 市岡
上神代村
古城跡 武牧山
下神代村 河原
下神代村
上神代村 西江
矢田村 小屋峠
矢田村 馬場
荒戸山
備中國哲多郡
備後國奴可郡
界山
中山
茶臼山
川西村
東城町
福代村
矢田村
粟木村
大岳明神
川東村
大竹村
川西村
久代村
久代村 上野
神石郡
奴可郡
新免村
新免村 藤谷

佛峠
宇山村
宇山村
有頭
見登村
竹渡り
見登村
帝釋
奴可郡
三上郡
串木峠
始終村
雨連
見登村
宮内村
小用村
長末村
八幡田
本村
長末山
長末村
鬼神山
赤川古城跡

第156号　東城（1）

224 194 176
226 196 178
198

八幡田
本村
鬼神山
大行山
須子山
長末山
長末村
赤川古城跡
稲草村
郷原
星子山
梶田村
本郷村
上下村
下野
行者山
佐賀山
深家村
上下町
上下村
井永村
柳原
深家山
向山
水永村

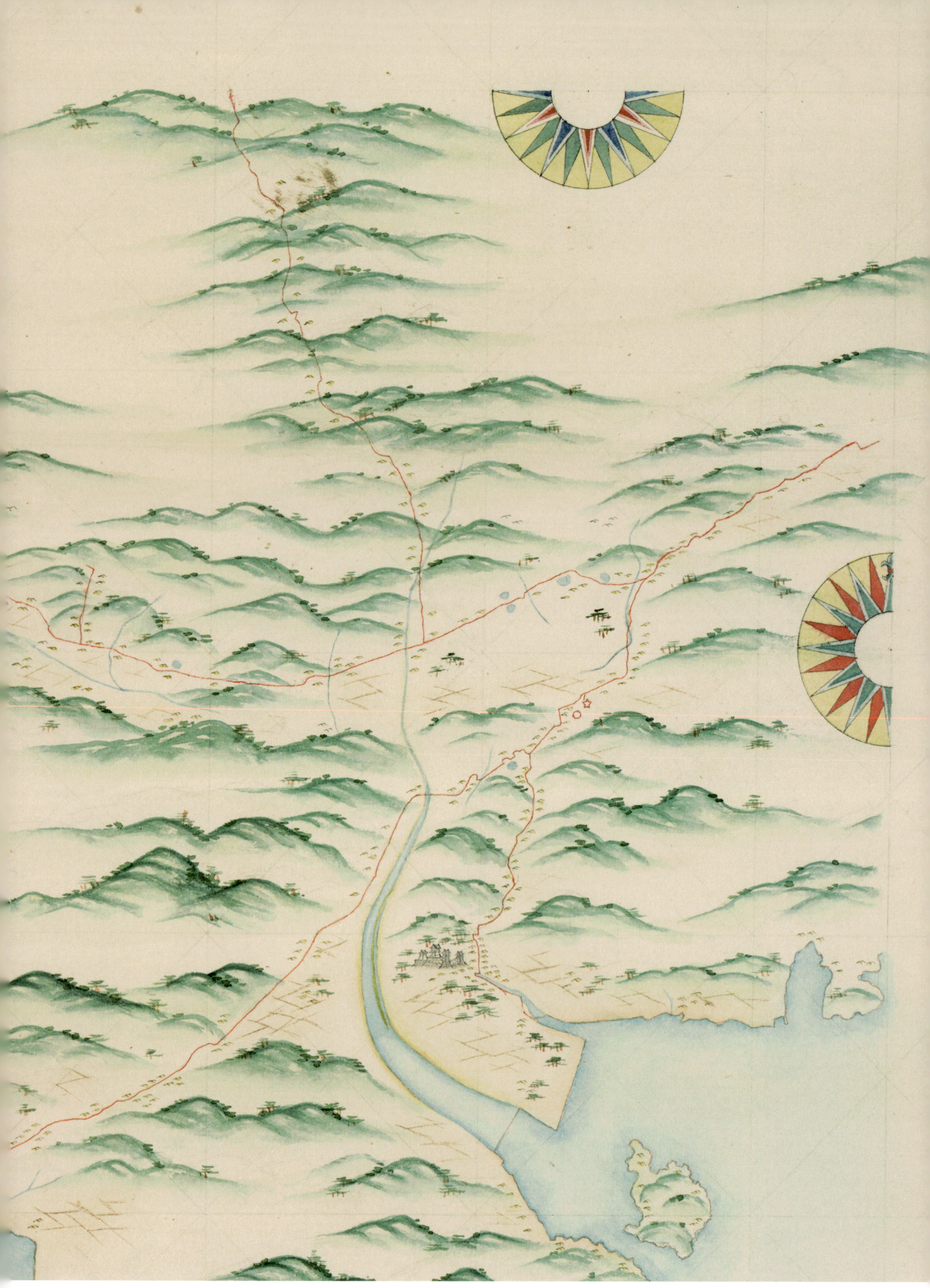

226 196 198 178 200 180

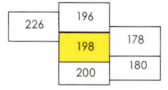

 第157号　福山・尾道（1）

198
228 200 180
202 182

 第157号　福山・尾道（2）

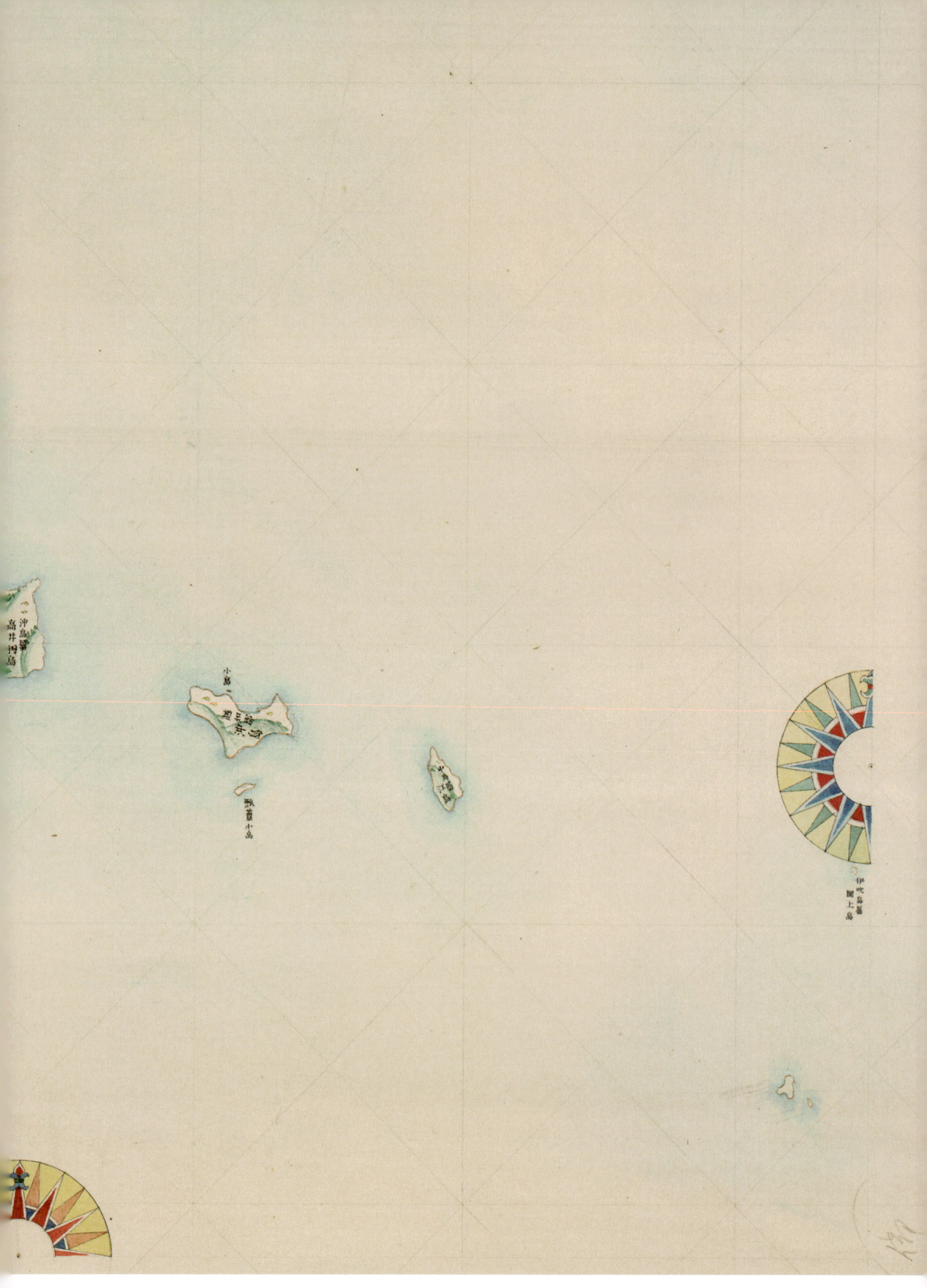
沖島屬
高井神島
小島
瓢簞小島
伊吹島屬

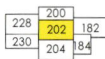

岩城島
岩城村
越知郡
佐島
長磯埼
伯方島
有津村
木浦村
北浦村
野島
沖友村
沖友村屬
共曰四坂

10
9
8
7
6
5
4
3
2
新居郡
宇摩郡
垣生村
阿島村

第158号　新居浜

208
209 206 168

高ノ森山
松平土佐守居城
東諸木村
甲殿村
仁野村
吾川郡
高岡郡
宇佐浦
新居浦
荻崎
浦之内村
灰方
浦之内村
深浦
浦之内村
汐間
浦之内村
出見
浦之内村
立目
浦之内村
摺木
池ノ浦
浦之内村枝
地島
神崎

第159号　高知（1）

穴内村
根曳峠
亀岩村
宍崎村
植野村
領石村
比江村
国分村
国分寺
長岡郡
土佐郡
中島村
布師田村
石渕
一宮村
筋野村
江ノ口村
松平土佐守居城
高知
下知村
長岡郡
土佐郡
今良村
葛島
吸江村
五台山村
潮江村
土佐郡
吾川郡
横浜村
瀬戸村
御畳瀬浦
長浜村
仁井田村
種崎浦
城山
十市村
香我美郡
長岡郡
浜改田村
前浜村
久枝村
物部川
吉原村

多野郷村
神田村
押岡村
古倉
須崎浦
大谷村
野見浦
安和浦
大野村
久礼浦
上加江浦
大津崎
加江崎

上ノ加江浦
志和浦枝
ノ矢井賀村
番部崎
志和浦枝
大矢井賀浦
中崎
志和浦
志和崎
志和浦枝
小弦津
志和浦枝
大弦津
興津村
興津浦
興津崎
高岡郡
幡多郡
鈴浦
鈴浦枝
熊野浦

209
210
211

佐賀浦
城岬
雲島
弁天島
伊田浦枝
白濱村
上川口浦枝
浮津浦
入野村枝
鞭村
入野村
上川口浦
有井川村
伊田浦
松山寺
榎崎
小島

第160号　須崎（3）

鍋島村
初崎村
布浦
大岐村
加久見村
越浦
三崎浦
下川口浦
猿野濱浦
養老浦
浦尻村

満倉村
外海浦
垣内浦
外海浦本郷
深浦宮山
外海浦
岩水浦
土佐國 幡多郡
伊豫國 宇和郡
外海浦
脇本浦
宿毛村枝
藻津村
宿毛村枝
宇須々木村
宿毛村枝
加波村
錦峯
宿毛村枝
大深浦村
宿毛村枝
深浦村
宿毛村枝
錦村
宿毛村
宿毛村枝
坂下村
池浦島
大藤島
黒崎鼻
小浦
小浦枝
内ノ浦
浜浦
大海浦
伊与野村
小筑紫浦
福良村
福良山
頭集村枝
浦尻村
周防形浦
西泊浦
尾浦
小才角浦

216	212
	214
217	

須ノ木村
藻津村
福良村
福良山
頭集村枝
浦尻村
周防形浦
西泊浦
尾浦
小才角浦
大津浦

266
216 212
217

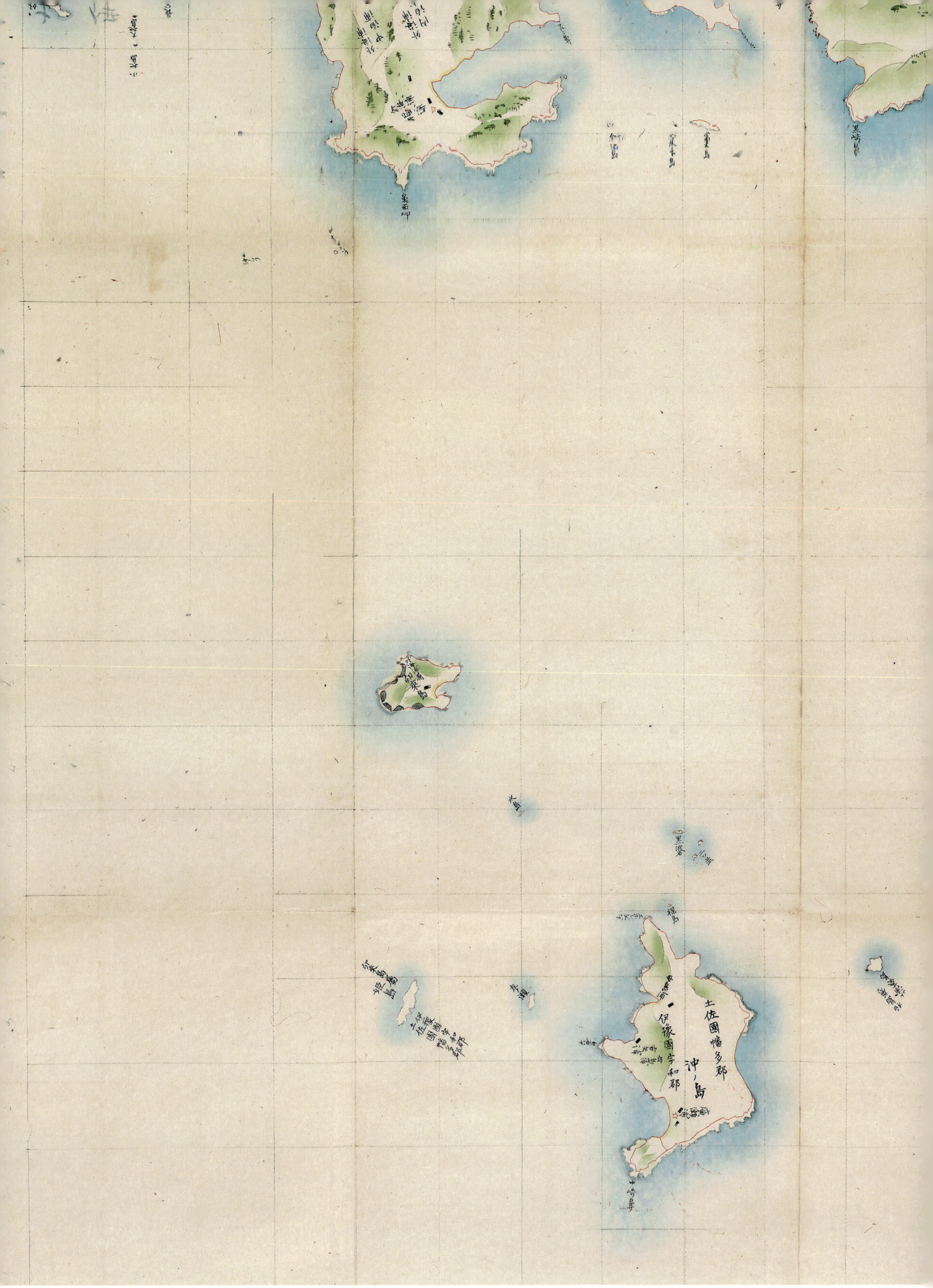
土佐國幡多郡
伊豫國宇和郡
沖ノ島
姫島

233
218 190
220

第162号　出雲（1）

木次村
下熊谷村

第162号　出雲（2）

尾白村
下河井村
上河井村
上河井町
上河井村
安芸國高田郡
備後國恵蘇郡
高山村
高山村 隣組
高山村 和南原
森脇村 上組
森脇村
森脇村 長原
比和村
比和町
本屋原村
河内村

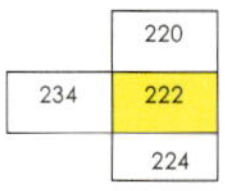
220
234
222
224

第163号　三次（1）

木屋原村
三河内村
門田村
上原村
下原村
板橋村
新庄村
畠敷村
三次郡
三谿郡
和知村
白山

225　第163号　三次（2）

236 224 196
238 226 198

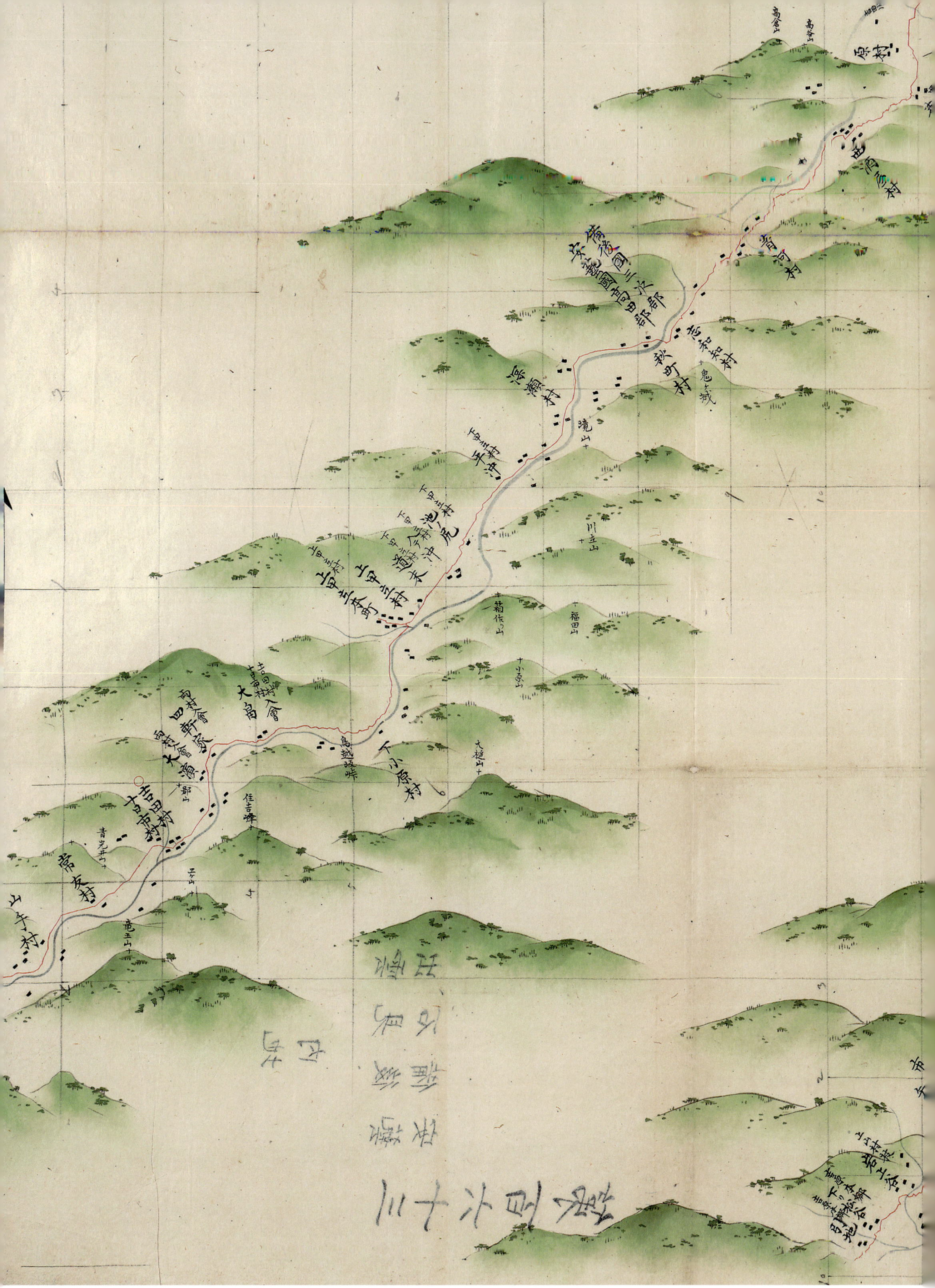

第163号　三次（3）

豊田郡
加茂郡
下市村
下村
高崎村
大乗川
柵林島
阿波島
吉良崎島
忠海村
忠海村
能地浦
舊
彌左エ門埼
大久野島
小久野島
松島
盛村
東野浦
王野島
小毎島
木臼島
船島
堀島
東野浦
折目島
箱島
向山島
柵林島
東殿島
肥海村
井ノ口村
伊豫國越智郡
大三島
小横島
大横島
宮浦村
井崎村
瀬戸村
ハナクリ
安藝國豊田郡
大崎上島
中野浦
沖浦
福島
浦戸村
野々江村
粕島
宗方

豊田郡
三津村
風早村
吉奈村
雲乇鼻
木谷村
サクラノ鼻
龍王島
明数鼻
花山鼻
藍崎島
小松原
内海
三津口村
大芝島
長島
柏島
三津口村
水尻
小芝島
ツクカ島
ヲロカ鼻
大アイカ島
小アイカ島
女子島
阿戸村
塩屋
川尻村
原田浦
塚崎
江川
黒島
大串浦
柏島
見戸城埼

 第164号　今治（1）

越智郡
大下島
粕島
肥島
三ツ子島
宗方村
江村
ハナクリ
早川村
田浦村
泊村
福田村
越智郡
津島
本庄村
名村
小虫島
虫島
中渡島
地蔵鼻
沖浦村
大角岬
浮磯
白石
来島
波方村
波止濱
大濱村
明神鼻
九王村
弓杖島
宅方村
今治
惣社川
越智郡
野間郡
星浦村
別府村
田ノ川
櫻井村

安藝國
安藝郡
蒲刈上島
田戸浦
宮盛浦
向浦
大浦
串埼
大松島
小松島
荷島
宮埼
大崎下島
豊島
豊島浦
長埼
八ツ埼
中島
今島
久比浦
豊田郡
大崎下島
大濱浦
大長浦
御手洗浦
大黒島
大子島
豊島屬
ヲクヒ島
大崎下島
齋宮島
小藍島
大藍島
種村
濱村
野間郡
風早郡
古石山
淺海原村
大浦

 第164号　今治（2）

 第165号　大田

232
268 234 222
224
236

第166号　温泉津（1）

268 234 222
236 224
238 226

第166号　温泉津（2）

236
271 238 226
240

 第166号　温泉津（3）

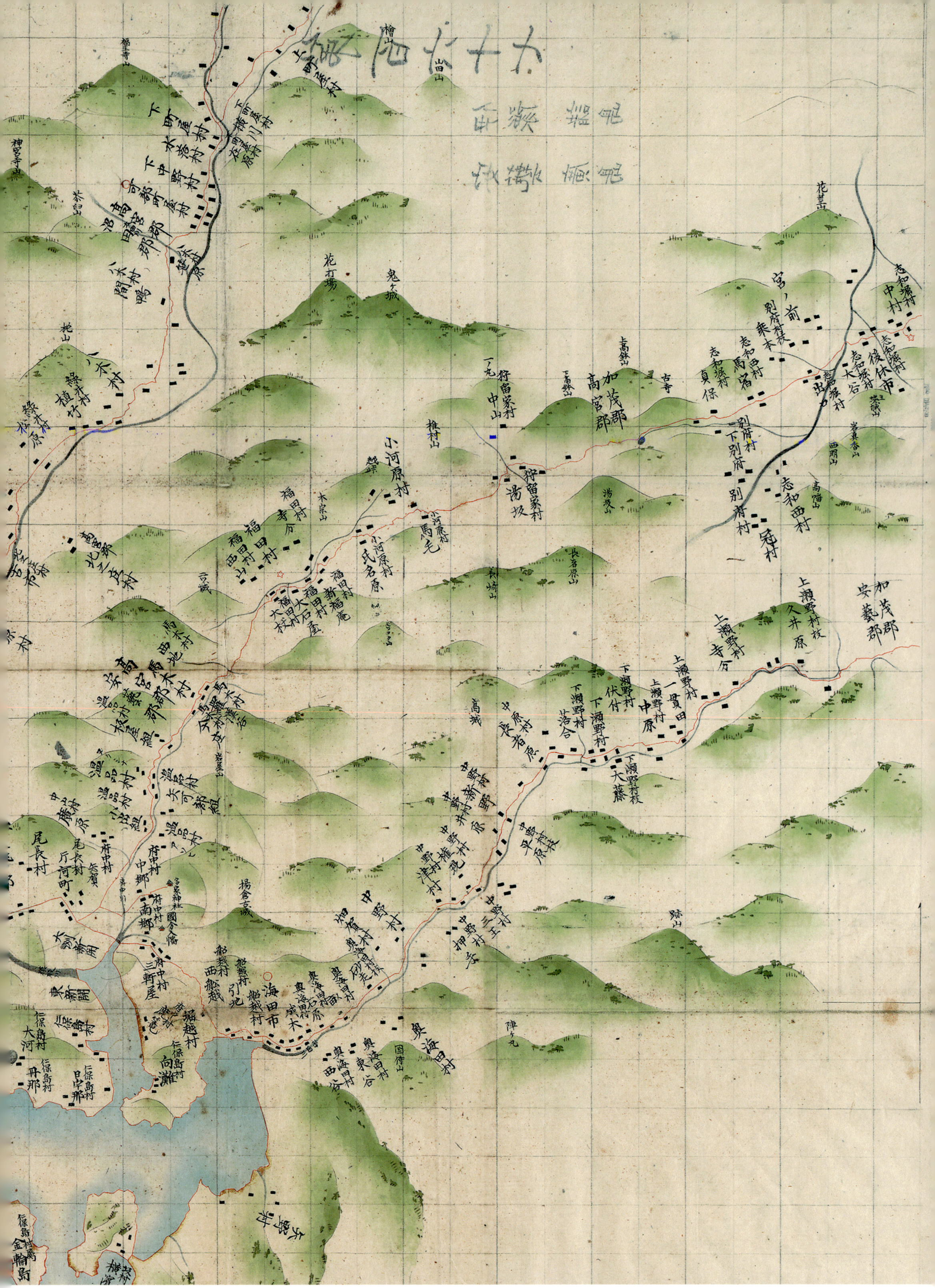

238
272
240
242

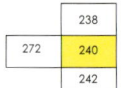

廣島
極楽寺山
坪井村
坂田村
五日市村
井口村
佐伯郡
沼田郡
打越村
山本村
竹屋新開
國泰寺新開
吉島新開
舟入新開
観音新開
沼田郡
江波島

第167号　広島（1）

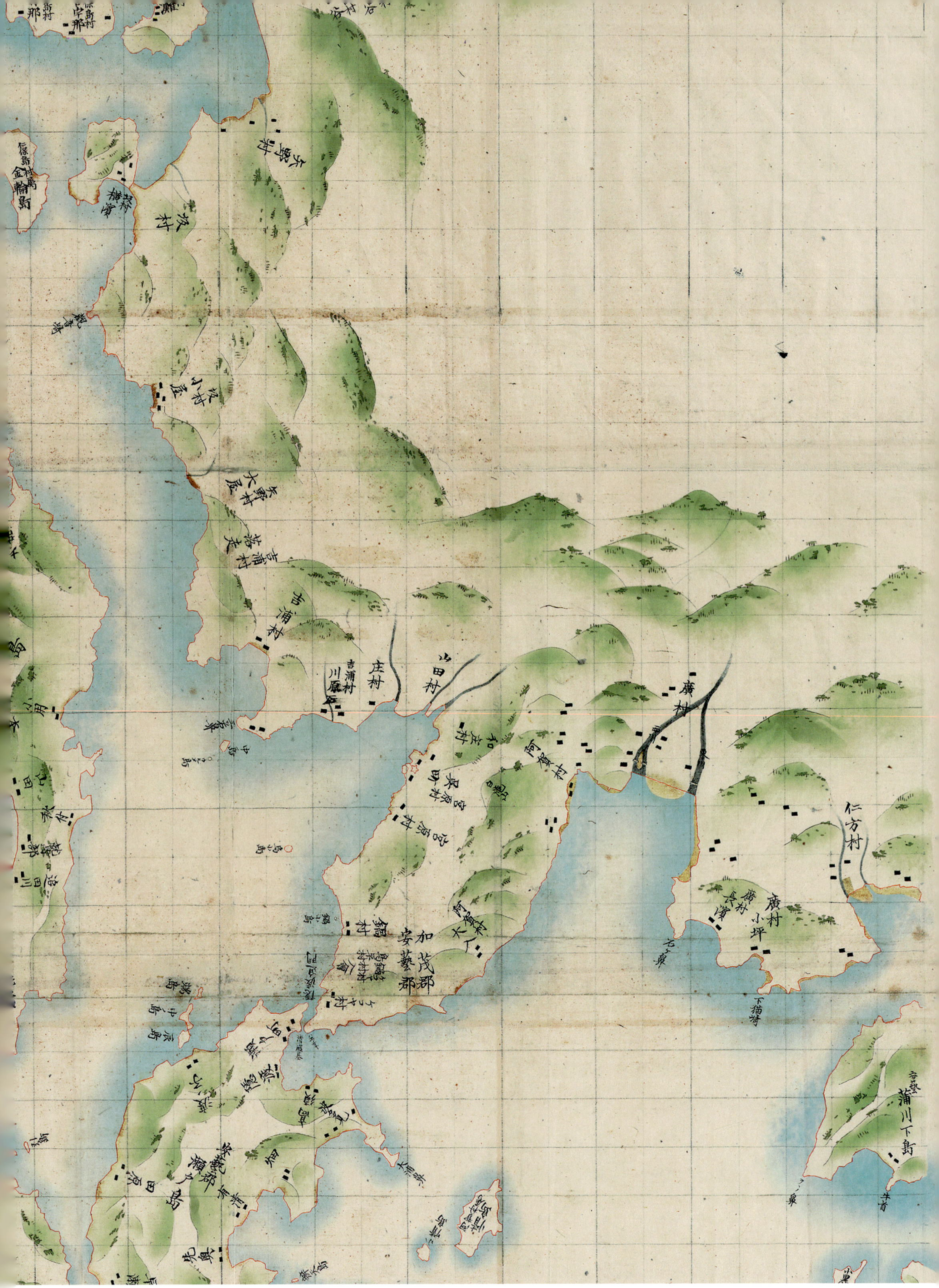

272 240 228
274 242 230
244

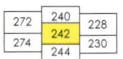

平良村
廿日市
宮内村
佐伯郡
嚴島
沼田郡
江波島
宇品島
峠島
似島
西能美島
鹿川
佐伯郡
東能美
大黒神島

安藝郡
瀬戸島
倉橋島
本浦
須川
尾立
室尾
海越
鹿老渡
倉橋島属
鹿島
呑麦島
羽山島
葉島
小島
大館場島
小館場島
小黒島

東能美島
大黒神島
甲島
安藝國佐伯郡小方波多村
周防國玖珂郡錦見村 屬
柱島屬
端島
柱島
柱島屬
伊勢小島
柱島屬
黒島

下難波村
北条村
北条町
辻町
土手内村
辻村
別府村
柳原町
北山村
中須加村
鹿家村
久保村
河原村
和田村
河内村
風早郡
和気郡
温泉郡
長戸村
谷村
姫原村
祝谷村
道後村
壹万村
松山
鹿島

 第168号　松山（1）

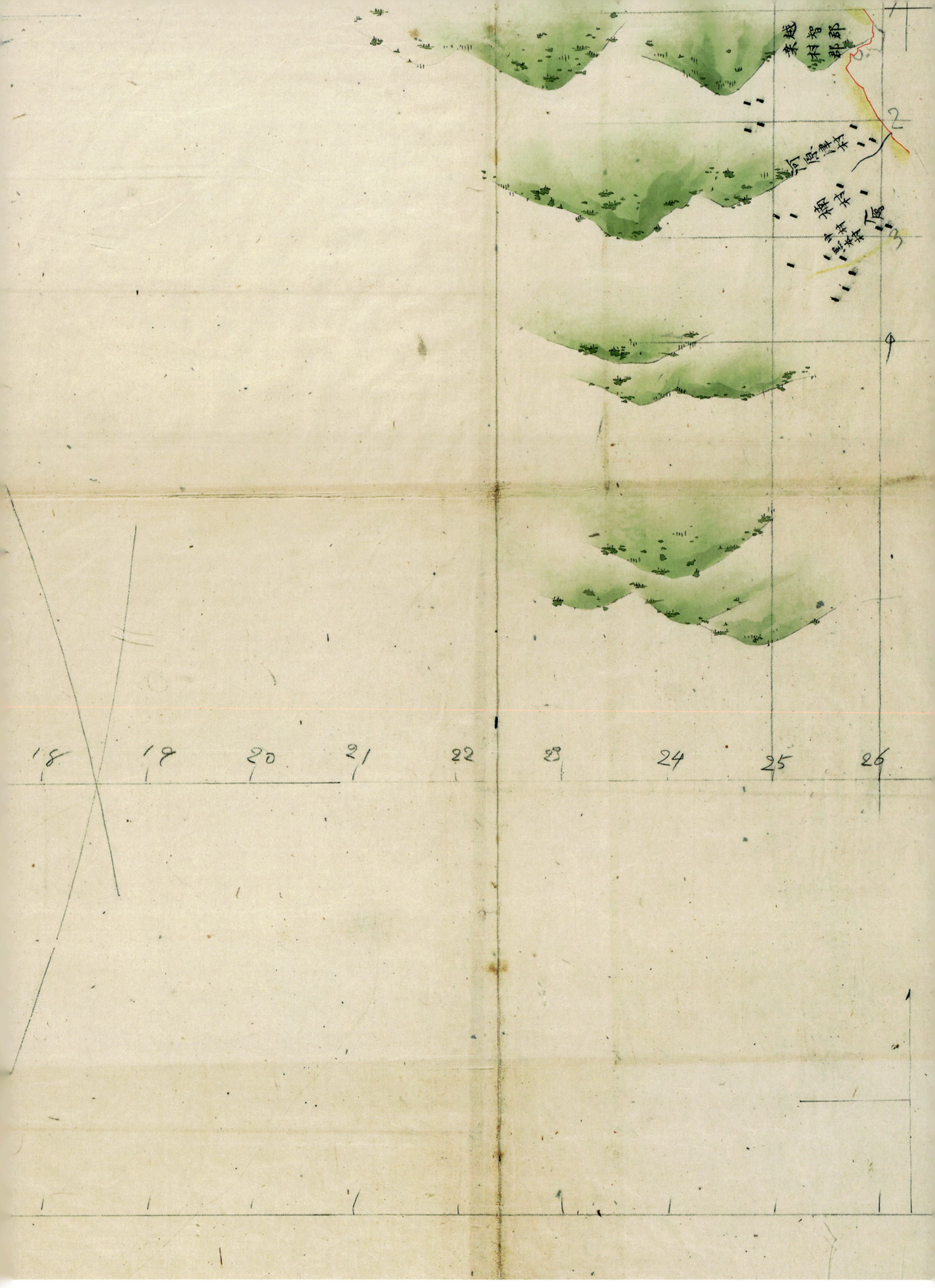
越智郡
河原津村
18
19
20
21
22
23
24
25
26

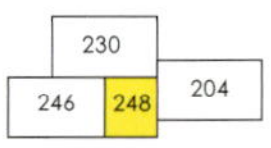
230
246
248
204

246
252 249
258

244
254 250 246
252

大嶋郡
八代嶋
和佐浦
沖家室

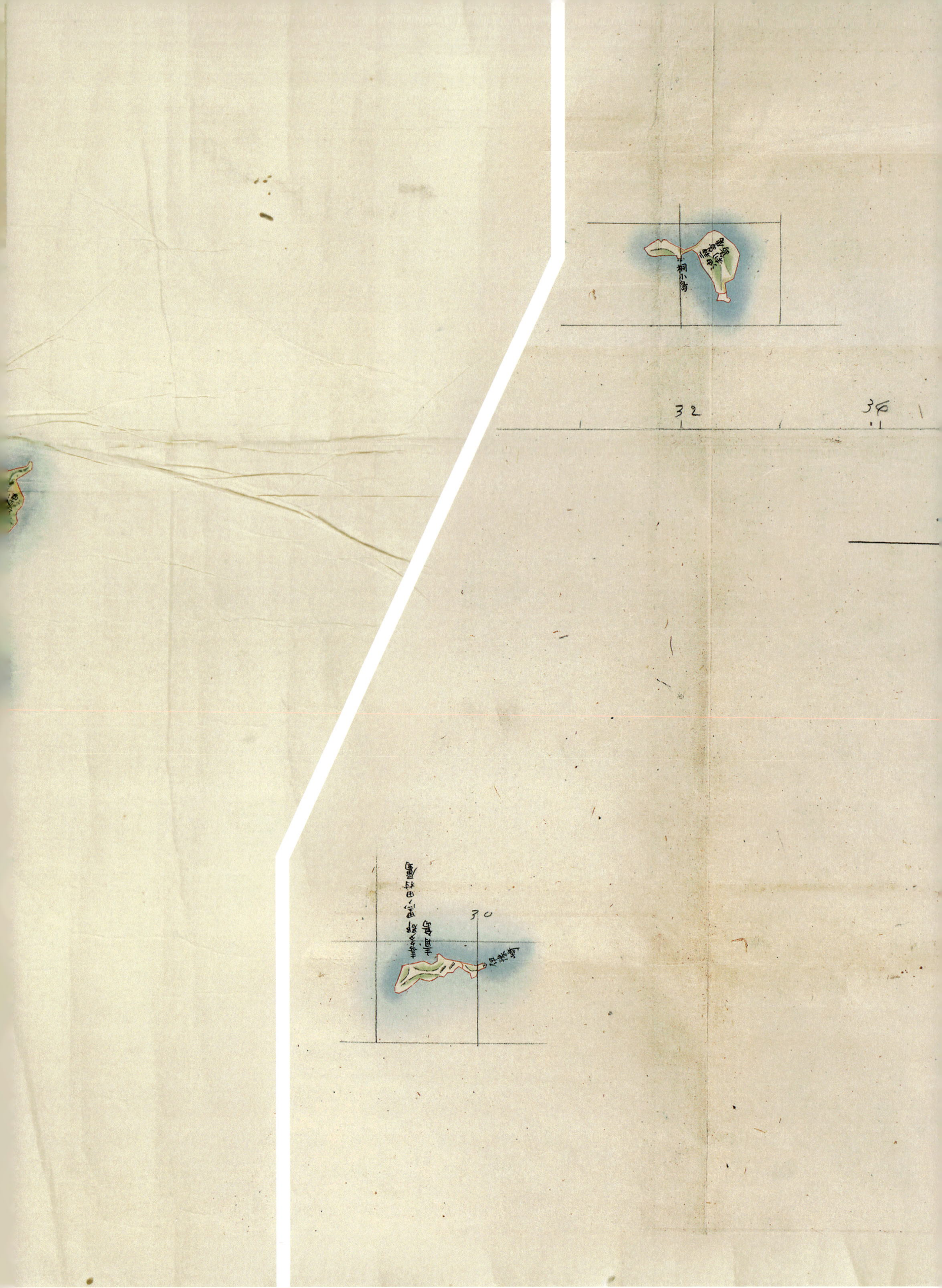

250
256 252 249
258

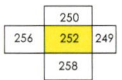

西方村属
沖家室
平郡嶋

276
286 254 250
256

南
浅江村
熊毛郡
都濃郡
嶋田川
嶋田村
光井村
小水無瀬嶋
大水無瀬嶋
室積港
同
伊保木
室積村
五軒屋
梶取岬
別府村
麻郷村
熊毛郡
阿多田嶋
尾嶋
牛嶋
叶嶋

 第169号　柳井（3）

法師岩
戸田村属
上荷内嶋
戸田村属
下荷内嶋
上関嶋属
大嶋郡
平郡

第169号　柳井（4）

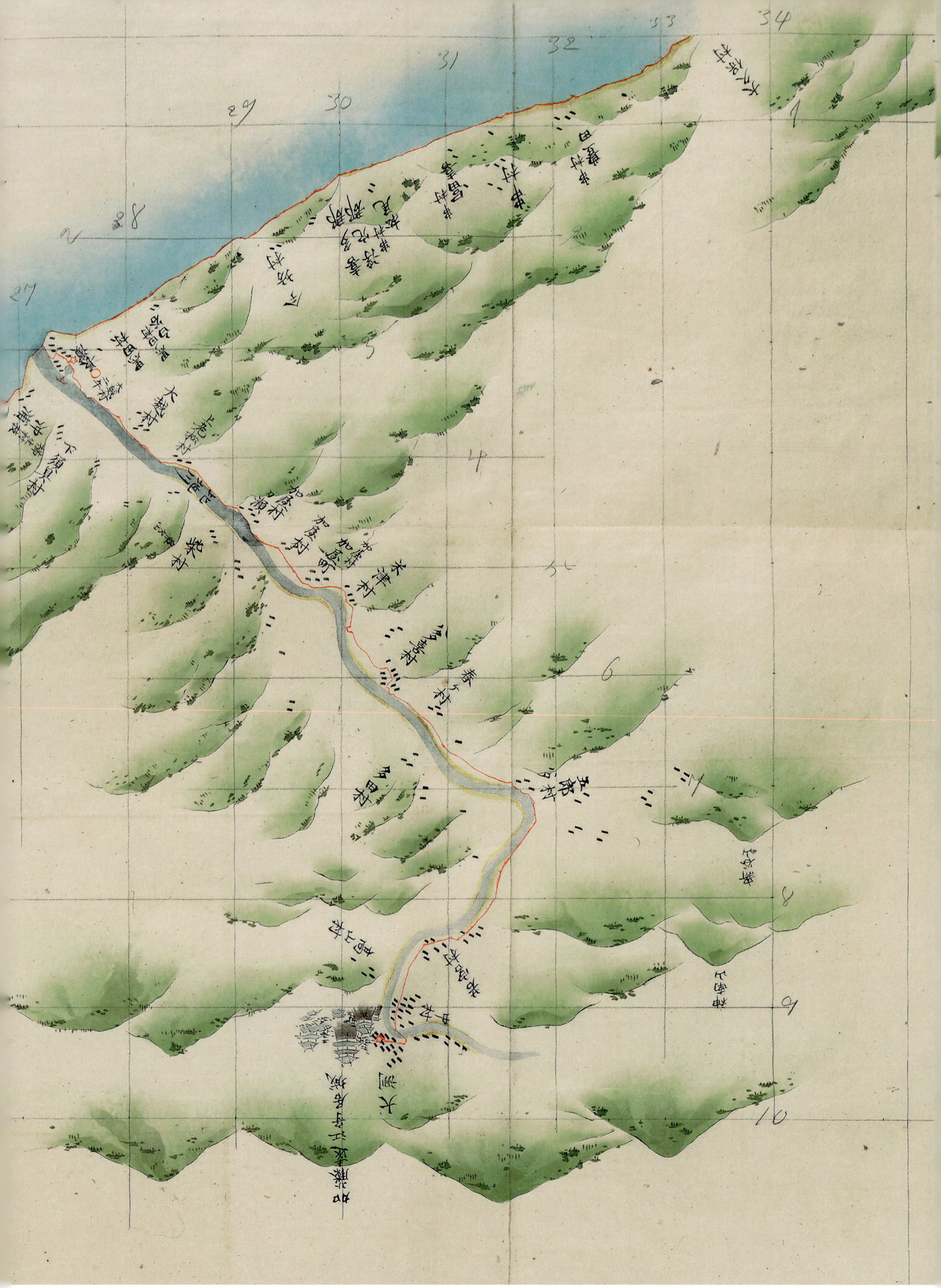

249
258
262
260

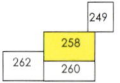

第170号　八幡浜・大洲（1）

258
262 260
264

 第170号　八幡浜・大洲（2）

262 260
264

第170号　八幡浜・大洲（3）

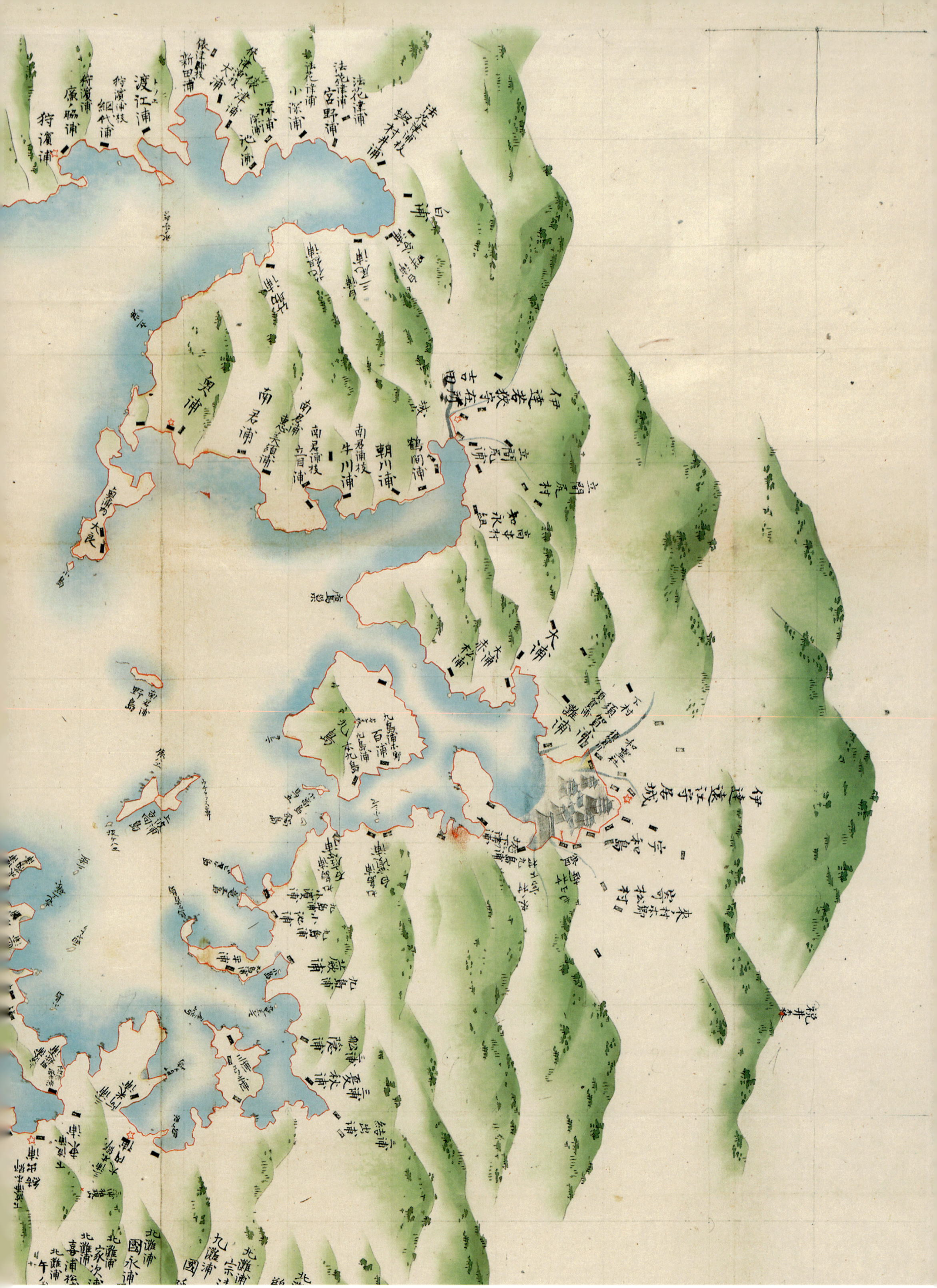

262 260
264
266

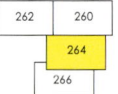

第171号　宇和島（1）

264
266
216 212

 第171号　宇和島（2）

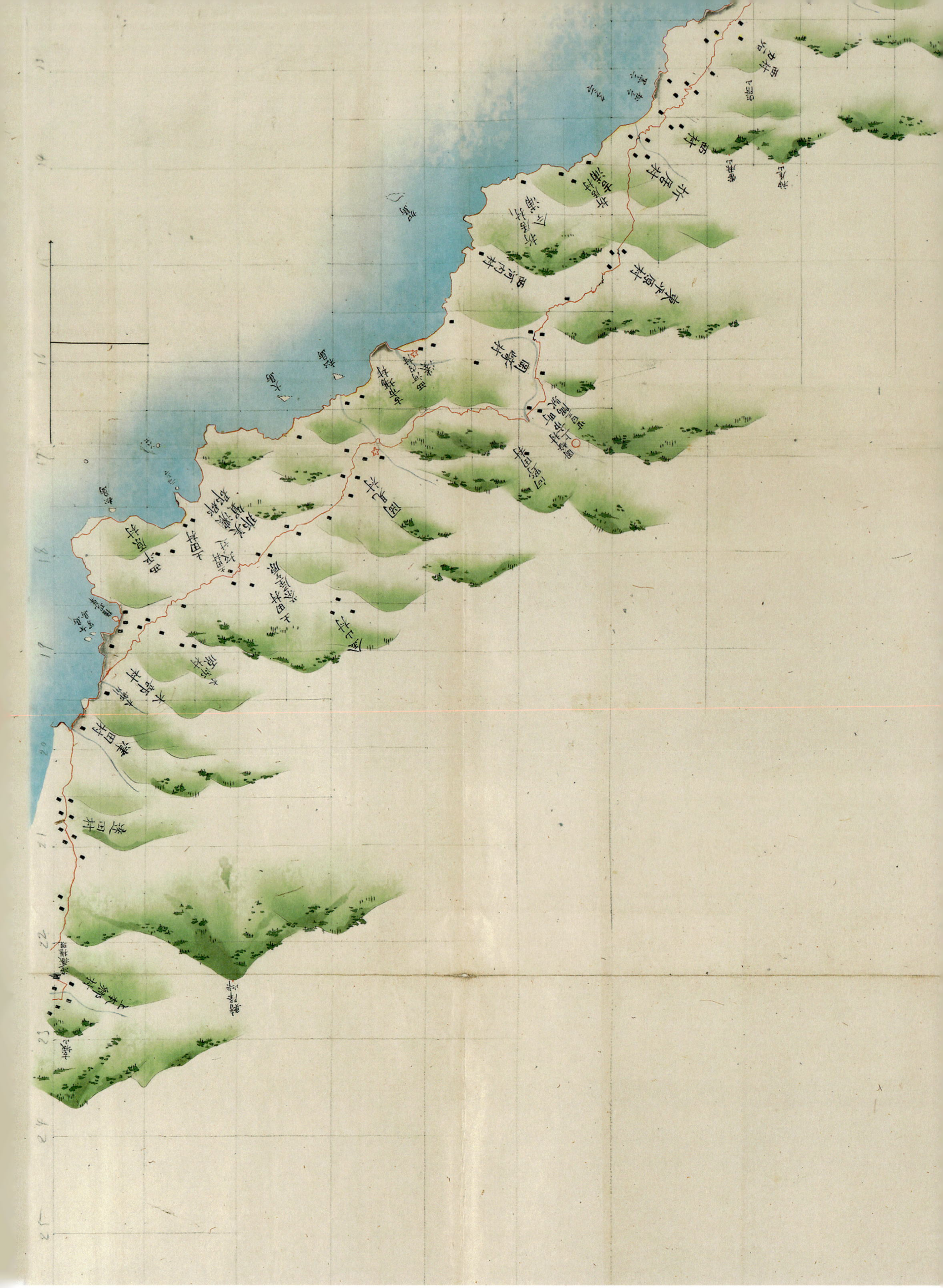

268
270
278
271

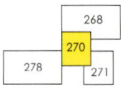

砥石山
上殿
殿河内
殿河内
筒賀村
杉原
筒賀村
筒賀村
中筒賀
天井山
筒賀村
天井
筒賀村
萩原
筒賀村
大井
筒賀村
市原

271
282 272 242
274

第173号　岩国（1）

安藝國佐伯郡
周防國玖珂郡
小瀬村
木野村
中津村
關戸村
三田村
室木村
岩國
錦見村
吉川監物在所
今津村
錦川

第173号　岩国（2）

284 274 242
286 276 244
254

東
中村
揚杜村
北方
指川村
高森宿
揚杜枝
今市
樋口枝
玖珂郡
熊毛郡
下指川
樋口村
呼坂村
原村
勝間
呼坂川
白石山
室山
萩領
切山村
徳山領
山田村
河内枝
久保市
都濃郡
熊毛郡
峠
遠見
来巻村
峠市
河内村
来巻村
毛利大和守領分

第173号　岩国（3）

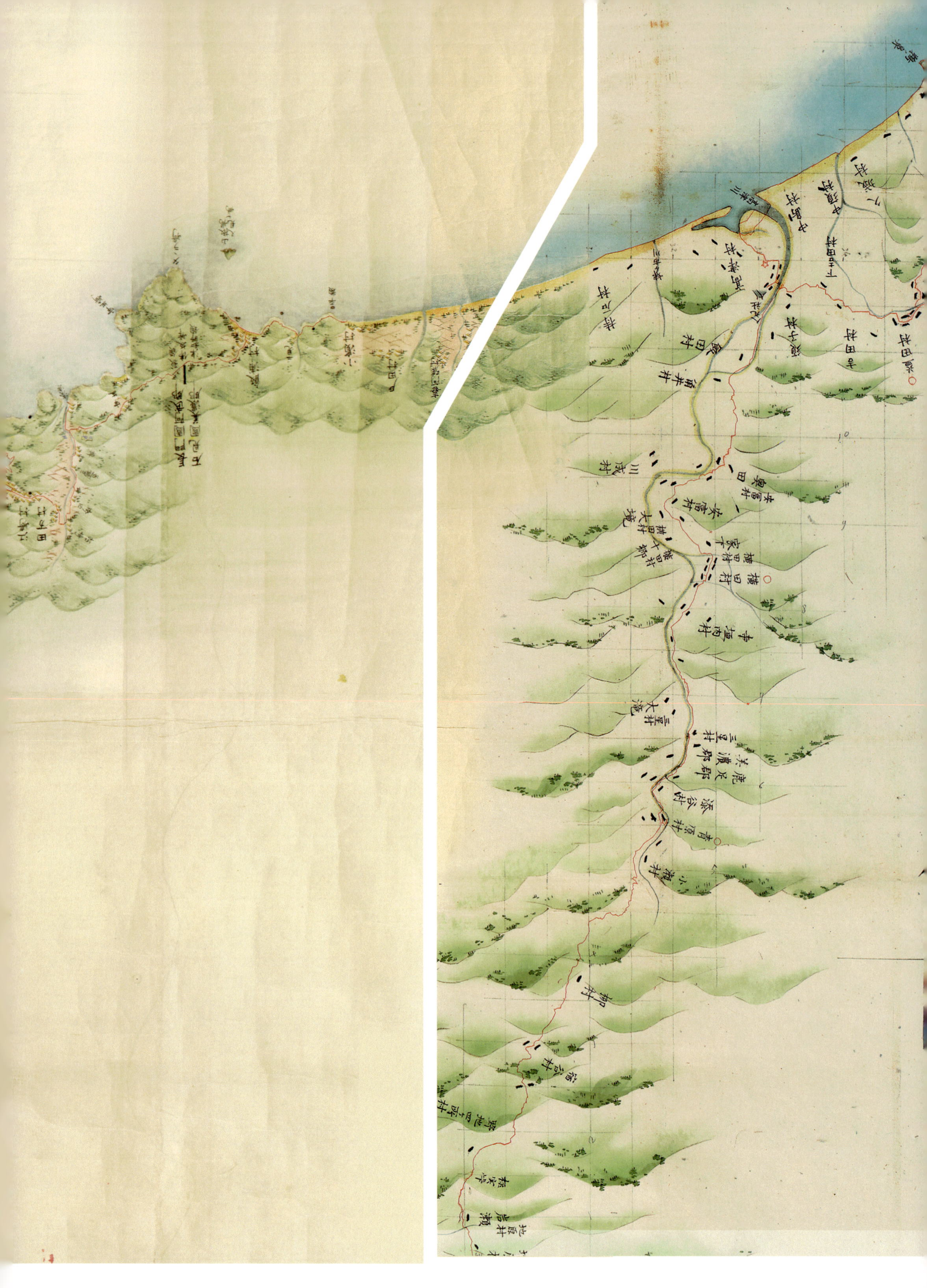

280 278 270
282

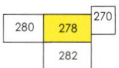

第174号　益田（1）

281
280 278
288 282

第174号　益田（2）

長門國阿武郡
石見國鹿足郡
中村
柚木村
戸根
中村
柚木村
河内
柚木村
高河内
都濃郡
佐波郡

第175号　徳山（1）

都濃郡
佐波郡
赤山村
上角村
鹿野下村
郷川村
四熊嶺

第175号　徳山（2）

290 284 276 292 286 254

第175号　徳山（3）

280
294 288 282
290

 第176号　山口（1）

御堀村
問田村
矢田村
鋳銭司村
小郡宿

 第176号　山口（2）

周防國吉敷郡
長門國厚狭郡
山中村
平原山
小郡宿
小郡川
加村崎
鋳銭司村
陶村
名田嶋村
馬場
今宿
小俣村
江崎村
大海村
秋穂
青江
竹嶋
床波村
吉田

 第176号　山口（3）

294 288
296

第177号　川棚（1）

294
296
290
298

第177号　川棚（2）

九州
豊前國
宇津井村
松屋村
長府
満珠嶋
干珠嶋

 第177号　川棚（3）

【監修】渡辺一郎（わたなべ・いちろう）
1929年、東京都生まれ。1949年、逓信省中央無線電信講習所（現・電気通信大学）卒。日本電信電話公社（現・NTT）計画局員、データ通信本部（現・NTTデータ）調査役などを経て、51歳で退職。コビシ電機㈱副社長を10年間務めた後、1994年頃から「伊能図と伊能忠敬の研究」に専念。1995年、フランスで発見された伊能中図を佐原市（現・香取市）へ里帰りさせた機会に「伊能忠敬研究会」を結成。伊能忠敬研究会代表理事を経て、現在は名誉代表。編著書に、『伊能測量隊まかり通る』（NTT出版）、『伊能忠敬が歩いた日本』（筑摩書房）、『最終上呈版 伊能図集成』（共著、柏書房）、『伊能忠敬測量隊』（小学館）、『図説 伊能忠敬の地図をよむ』（河出書房新社）、『伊能大図総覧』（監修、河出書房新社）などがある。

第3巻の伊能図所蔵先　アメリカ議会図書館（p.12-85, 94-111, 117-147, 156-197, 204-227, 232-253, 258-275, 278, 281）／国立歴史民俗博物館（p.112-116, 148-155）／海上保安庁海洋情報部（p.86-93, 198-203, 228-231）／山口県文書館（p.250-257, 272-299）（詳細は第6巻参照）

伊能図大全 第3巻　伊能大図 **近畿・中国・四国**〔巻別版〕

2013年12月10日　初版発行
2018年 5 月20日　巻別版初版印刷
2018年 5 月30日　巻別版初版発行

監修　渡辺一郎
編集協力　横溝高一／戸村茂昭／竹村基
装幀・デザイン　渡辺和雄
発行者　小野寺優
発行所　株式会社 河出書房新社
〒151-0051 東京都渋谷区千駄ヶ谷2-32-2
電話（03）3404-1201［営業］（03）3404-8611［編集］
http://www.kawade.co.jp/
印刷・製本　NISSHA株式会社

Printed in Japan
ISBN978-4-309-81233-5